B. WILD

DIE LEIDEN DES NICHT MEHR SO JUNGEN W.

buch & media

B. Wild, geboren 1955, lernte die englische Sprache und schloss mit dem Cambridge Certificate of Proficiency in English ab. Er absolvierte einige Kurse an der Open University (UK), welche ihn zum Schreiben führten. Er lebt in der Schweiz. Seit 2017 arbeitet er als freier Autor. Sein Debut-Roman »Fateful Encounters« (in englischer Sprache) erschien in 2014. 2017 erschien sein zweiter Roman »Erlösung« (in deutscher Sprache).

B. Wild

DIE LEIDEN DES NICHT MEHR SO JUNGEN W.

Aufzeichnungen eines von Zukunftsängsten geplagten.

buch & media

Originalausgabe
November 2020
Buch&media Publishing, München

Umschlaggestaltung: Franziska Gumpp
Gesetzt aus der Adobe Garamond Pro
ISBN print 978-3-95780-220-0
Printed in Germany

INHALT

Warten auf BAM

»Ein Herr Li möchte zu Ihnen, Herr Professor. Soll ich ihn hereinlassen?«

»Nein! Ich komme hinauf.«

»Es ist sehr kalt draussen.«

»Es ist kalt hier unten. Ich bin es gewohnt.«

Professor Wang legt seine Handflächen auf eine Glasplatte, schaut gleichzeitig in eine Kamera. Der Portier bestätigt die Identifikation, indem er es ihm gleichtut. Die Türe zur Schleuse geht auf. Die Prozedur wiederholt sich und die Türe nach draussen öffnet sich. Es ist früh am Morgen und noch dunkel, Herr Li nur eine schwarze Gestalt im unbeleuchteten Eingangsbereich. Herr Li nickt Professor Wang zu, nimmt die Hände aus den Manteltaschen und legt wortlos ein kleines Päckchen in die ausgestreckte Hand des Professors. Herr Li verbeugt sich, dreht sich um und geht. Professor Wang geht ihm nach, sagt, als er ihn eingeholt hat: »Sie haben versagt.«

»Wir konnten nicht wissen, dass das Fleisch verdorben ist«, sagt Herr Li, ohne sich umzudrehen.

»Ich will, dass Sie die Sache im Auge behalten. Ich will wissen, wenn sie eine unerwünschte Entwicklung nimmt«, sagt Professor Wang. »Ich will wissen, was vor sich geht vor Ort. Ich mache Sie persönlich dafür verantwortlich.«

Herr Li dreht sich um, nickt leicht, macht eine Verbeugung und will gehen.

»Und bereiten Sie die Rückkehr des Hilfsarbeiters vor«, sagt Professor Wang.

»Wäre es unter den momentanen Umständen nicht vielleicht besser, wenn wir den Hilfsarbeiter nicht zurückschicken würden, wenn wir warten würden, bis sich die Sache gelegt hat?«, sagt Herr Li.

»Es ist nicht an Ihnen, mir zu sagen, was besser ist oder nicht«, sagt Professor Wang. Er erschrickt ob der Lautstärke seiner eigenen Worte. Er sagt leiser, jedoch mit Nachdruck: »Ich lasse mir mein Projekt nicht kaputtmachen, von niemandem.«

»Entschuldigung«, sagt Herr Li, »ich meine nur –«

»Sie haben auch nichts zu meinen«, zischt Professor Wang. »Das steht Ihnen nicht zu. Einem Versager wie Ihnen schon gar nicht. Es gibt nur eine Meinung hier. Ich entscheide. Ich habe das Sagen. Ich allein«, sagt er und schaut mit weit geöffneten Augen in den mondlosen Himmel. Er flüstert: »Nichts, aber auch gar nichts wird mich hindern.« Professor Wang geht und lässt Herrn Li in der Kälte stehen.

»Ich werde aus dir etwas ganz Besonderes machen«, sagt Professor Wang mit Blick auf die kleine Pralinenschachtel in seinen Händen, eingepackt in goldenes Geschenkpapier. Er zieht zärtlich an der nachtblauen Samtschleife mit den rosa Kirschen darauf und meint: »Ein Geschenk – von mir an die Welt.«

Die Buchstaben B, A und M stehen in Schönschrift auf dem Glasschälchen geschrieben. Darin bewegt sich etwas. Professor Wang hüpft das Herz, seine Augen leuchten, er spürt, wie ein Gefühl von Allmacht über ihn kommt, wenn er durch das Elektronenmikroskop auf das Resultat seiner Bemühungen schaut. Er sieht abrupt vom Mikroskop auf und blickt entrückt zur Decke, als sehe er durch sie hindurch in den Sternenhimmel. Er sieht die Szene aus der abendländischen Geschichte vor seinem geistigen Auge und lacht laut auf. »Die Eva aus der Rippe von Adam«, kommt es schallend aus seinem Mund, »die Eva aus der Rippe von Adam«, immer und immer wieder. Er steigert sich in ein Hohngelächter, das dann jäh abbricht. Er nimmt das Glasschälchen unter dem Mikroskop hervor und hält es ins Licht. Er sagt, den Blick erneut nach oben gerichtet: »Es gibt nur einen Schöpfer, einen einzigen.« Professor Wang stellt das Schälchen mit dem BAM-Geschöpf in die Graviditätsmaschine und gibt mit einer Pipette einen Tropfen Nährlösung dazu.

* * *

Ein schwarzer Hartschalenkoffer mit chinesischen Schriftzeichen aufgedruckt liegt flach auf dem Boden. Etwas darin bewegt sich; dann springt der Deckel auf. Eine junge Frau mit maskulinen Gesichtszügen und hellblondem, fast weissem kurz geschnittenem Haar entsteigt dem Koffer. Sie trägt einen rosafarbenen Trainingsanzug und dazu passende hellblaue Turnschuhe; sie hat ein Schild in einer Plastikhülle um den Hals gehängt, mit einem Namen und einer Adresse darauf. Die junge Frau begibt sich mit zögernden Schritten zu einem der beiden Sessel am Fenster und setzt sich hin. Sie reibt sich das Gesicht und die Augen, spürt, wie langsam Leben Besitz von ihrem Körper ergreift. Sie schliesst ihre Augen und horcht den Vorgängen in ihrem Innern. Es ist, als würde etwas in ihr ihre Körperfunktionen in Gang setzen, als ginge jemand durch ihren Körper hindurch wie durch Räume und würde Fenster und Läden öffnen, Licht und frische Luft hereinlassen. Die junge Frau öffnet ihre Augen wieder. In ihrem Kopf wird es hell. Sie nimmt langsam ihre Umgebung wahr: zwei Betten, eines davon unbenutzt; ein Schreibtisch mit Stuhl; ein rundes Beistelltischchen, zwei Flaschen Mineralwasser darauf; zwei bequeme Sessel, auf einem der beiden sitzt sie; eine Garderobe mit Schrank und, an der Wand daneben, ein mannshoher Spiegel. Alle Möbel sind aus demselben hellen Holz. Ein Hotelzimmer, registriert ihr Gehirn. Sie nimmt eine der beiden Mineralwasserflaschen und schraubt den Deckel ab, führt sie zum Mund. Auf einem Etikett am Hals der Flasche steht in mehreren Sprachen: Willkommen im Parkhotel. Sie versteht es auf Deutsch, Französisch und Chinesisch, wundert sich. Sie leert die Flasche in einem Zug, greift zu der zweiten Flasche und leert auch diese. Obwohl sie keinen Durst verspürt.

Die junge Frau erhebt sich von dem Sessel und geht zu den Betten, legt sich auf das unbenutzte. Sie möchte für einen Moment innehalten, die ersten Eindrücke verarbeiten; die neue Umgebung in sich aufnehmen, sich ihrer bewusst werden, wie sie es jedes Mal tut, wenn sie an einem neuen Ort ankommt. Sie schliesst die Augen und öffnet die Ohren, lauscht den Geräuschen in ihrer Umgebung. Sie vernimmt keine; hört nur ihren eigenen Herzschlag. Sie kann die Stille nicht ertragen, sie ist sie nicht gewohnt. Sie steht auf und öffnet das Fenster, lauscht den Geräuschen draussen. Sie kann keine hören. Sie hört nichts: keinen Verkehrslärm, keinen Baulärm, kein Geschrei von Kindern, nicht einmal das Bellen eines Hundes oder Vogelgezwitscher. Sie schliesst das Fenster wieder, geht im Zimmer auf und ab, öffnet das Fenster erneut und setzt sich hin, horcht, ob nicht doch etwas zu hören ist; steht gleich wieder auf und geht zum Telefon. Sie will die Rezeption anrufen, möchte zumindest das Rufzeichen hören – irgendetwas. Sie hört nichts, wieder nur Stille. Die Leitung ist tot. Sie nimmt die Fernbedienung des Fernsehers vom Nachttischchen und drückt die Einstelltaste. Nichts. Nichts tut sich. Der

Bildschirm bleibt schwarz, die Lautsprecher bleiben stumm, nichts ist zu hören.

Sie setzt sich wieder hin, trommelt mit den Fingern auf das Beistelltischchen. Schneller, immer schneller, energischer, immer energischer. Schliesslich nimmt sie die beiden Mineralwasserflaschen in die Hände und schlägt sie gegeneinander. Heftiger, immer heftiger, bis eine der beiden Flaschen zerbricht. Die junge Frau steht auf und geht im Zimmer umher, spricht mit sich selbst, laut. Sie erschrickt ob ihrer eigenen Stimme, beginnt leise zu weinen, fasst sich gleich wieder. Sie bleibt vor dem Spiegel neben der Garderobe stehen und hält eine Ansprache, schreit einen imaginären Zuhörer an, der offensichtlich ständig auf das Display seines Mobiltelefons schaut. »Ich verlange Ihre Aufmerksamkeit«, schreit sie ihn an. »Ich will, dass Sie mir jetzt zuhören.« Sie gerät in Rage, sagt: »Ich bin … ich bin … ich bin …« Sie verstummt. Wer bin ich?, fragt sie sich. Sie sieht im Spiegel das Schild um ihren Hals, liest, in Spiegelschrift, den Namen und die Adresse darauf, wundert sich, dass es ihr keine Schwierigkeiten bereitet, in Spiegelschrift zu lesen. Der Vorname auf dem Schild ist der eines Mannes. Ein Irrtum, denkt sie. Sie schaut auf das Etikett, das am Hartschalenkoffer angebracht ist. Es steht kein Name darauf, nur eine Adresse. »Bushaltestelle Altstadt« ist alles, was sie liest.

Die junge Frau verlässt das Zimmer, will zur Rezeption gehen, um die Sache zu klären. Es ist niemand am Empfang. Auch befinden sich keine Gäste in der Lobby. Die wuchtigen schwarzen Ledersessel sind leer, keine Menschenseele weit und breit. Sie schlägt auf die Klingel auf dem Tresen und wartet, doch niemand kommt. Sie versucht es erneut, immer und immer wieder. Verzweifelt; vergeblich. Es scheint niemand da zu sein. Sie möchte ausrufen: »Was ist denn das für eine Bedienung!«, doch ihre Stimme versagt. Die Worte bleiben ihr im Halse stecken. Es ist vergeblich, sagt eine Stimme in ihrem Innern. Da ist niemand, der dich hört.

Die junge Frau schaut sich um. Die Schiebetüre des Hoteleingangs steht weit offen. Sie tritt nach draussen. Es ist still, still wie in der Lobby, still wie in ihrem Zimmer. Selbst der Wind ist still. Kein Lüftchen geht. Nichts bewegt sich. Nicht einmal die Federn eines toten Vogels, der auf dem Vorplatz liegt, bewegen sich. Sie geht hin, sieht ihn an, sieht noch mehr tote Vögel herumliegen. »Was ist denn mit euch passiert?«, hört sie sich fragen; fühlt Tränen in die Augen treten, unterdrückt sie, fängt sich gleich wieder. Sie geht zurück in die Lobby, setzt sich in einen der Sessel, versinkt im weichen Polster. Sie steht gleich wieder auf. Sie muss etwas tun; sie ist es nicht gewohnt, untätig zu sein. Die junge Frau schlägt wiederholt auf die Glocke am Empfangsschalter, um deren Klingelton zu hören. Auf dem Tresen der Bar neben dem Empfangsschalter steht ein Drahtkorb mit abgepackten Snacks. Sie bedient sich und setzt sich erneut in einen der Sessel. Sie reisst einige Packungen auf und isst Erdnüsse, Salzstangen und Chips durcheinander; geniesst die Geräusche, die dabei entstehen. Auf dem Beistelltisch vor ihr liegt eine Zeitung. Die Titelseite zeigt das Bild eines alten Mannes. Die Überschrift lautet: »Wird er zurückkommen?« Sie betrachtet für lange Zeit das Gesicht des alten Mannes. Es verwirrt sie; es erscheint ihr irgendwie vertraut. Ihr Unterbewusstsein sagt: Das bin ich. Ihr Verstand sagt: Nein, das kann nicht sein.

Die junge Frau steht auf und geht zur Bar, schaut in die verspiegelte Rückwand, blickt in das Gesicht einer jungen Frau, sieht das eines alten Mannes, des alten Mannes aus der Zeitung. »Nicht möglich«, sagt sie. Ihr Unterbewusstsein antwortet: Doch. Sie schaut auf das Schild um ihren Hals, liest erneut den Namen, die Adresse, zerbricht sich den Kopf und bricht dann auf. Bevor sie das Hotel verlässt, langt sie noch einmal in den Drahtkorb auf dem Tresen der Bar und nimmt ein Paar Packungen mit Snacks heraus und steckt sie ein.

Die junge Frau läuft in der Stadt umher, erkundet die Umgebung, schaut sich nach Leben um, nach jemandem, der ihr vielleicht weiterhelfen kann, sie vielleicht sogar kennt. Sie findet niemanden. Nur leere Strassen, leere Parkplätze, leere Gebäude. Die einzigen Wesen, denen sie begegnet, sind tote Vögel. Der einzige Mensch, den sie sieht, ist sie selbst, widergespiegelt im Glas von Schaufenstern und im Bild des alten Mannes auf Aushängen an Kiosken, mit der Schlagzeile in fetten Lettern: »Wird er zurückkommen?« Es liest sich wie eine Drohung, die sich im Blick des alten Mannes wiederholt, ein Unheil ankündigt, das den Menschen hier bevorsteht.

Die junge Frau geht entlang eines Eisenbahnviadukts und gelangt so zum Bahnhof. Die riesige Glasfront des tortenstückförmigen Gebäudes kommt ihr bekannt vor. Sie glaubt, sie schon einmal gesehen zu haben, schon einmal hiergewesen zu sein. Auch der nahe Busbahnhof weckt Erinnerungen in ihr. Sie studiert die Streckenpläne der Busse, findet darauf die Bushaltestelle Altstadt, geschrieben wie auf dem Etikett am schwarzen Schalenkoffer, dem sie entstiegen war. Sie beschliesst, die Bushaltestelle aufzusuchen, um herauszufinden, was es mit ihr auf sich hat. Sie geht den See entlang Richtung Altstadt. Das Wasser ist still, der Himmel ist blau, die Sonne strahlt – sie vermag jedoch nicht ihr Gemüt zu erhellen, wenn sie die Quaibrücke überquert. Auf dem See dümpeln tote Enten und Schwäne, dazwischen Pakete in transparenten Plastiksäcken, mit orangefarbenen Fallschirmen daran befestigt. Die junge Frau wundert sich, beschliesst, sie sich später anzusehen, und geht weiter zur nächsten Bushaltestelle. Sie erschrickt. Unter der Sitzbank im Bushäuschen am Postplatz liegt, tot, ein grosser schwarzer Hund. Sie bleibt einen Moment lang stehen und betrachtet das leblose Tier, fragt sich, wie der Hund wohl hierhergekommen ist und wem er gehört hat. Dann geht sie weiter zur nächsten Bushaltestelle, ihrem Ziel.

»Altstadt« steht auf einer Tafel, die an einer Stange befestigt ist. Ein grosser Baum mit ausladenden Ästen, der auf einem gepflasterten Platz vor einer Zeile alter Häuser steht, ersetzt das Bushäuschen. Die Umgebung ist ihr unbekannt und doch glaubt sie zu spüren, dass der Ort Bedeutung für sie hat. Möglicherweise ist er sogar der Schlüssel zu ihrer Existenz; zumindest zu jener, seit sie den schwarzen Schalenkoffer verlassen, die Augen geöffnet und das Licht erblickt hat.

Die junge Frau setzt sich auf die Bank unter dem grossen Baum und schaut sich um, versucht Erinnerungen wachzurufen, indem sie die Umgebung in sich aufnimmt. Ein Plakat an einer Telefonkabine lenkt sie davon ab. Im Speziellen das Bild darauf: Es ist eine Kopie des Fotos von dem alten Mann aus der Zeitung und von den Aushängen an den Kiosken. »Warten auf BAM« steht gross von Hand darauf geschrieben. Die junge Frau steht auf und schaut sich das Plakat von Nahem an, betrachtet lange das Gesicht des alten Mannes, sieht ihr eigenes widergespiegelt im Glas der Telefonkabine. Unter dem Bild des alten Mannes stehen Namen von Leuten und die Uhrzeit, zu der sie offenbar hier auf ihn gewartet hatten. Jemand hat mit rotem Lippenstift »Wehe, er kommt zurück« auf das Glas der Telefonkabine geschrieben. Die junge Frau nimmt den Stift, der an einer Schnur am Plakat befestigt ist, und schreibt als letzten Eintrag »Bin zurück« auf das Plakat und sagt: »Bin zurück.« Erst zu sich selbst, dann lauter, für andere zu hören; dann schreit sie es in die Stadt hinaus. Sie wird wieder leiser, als sie die leere Strasse hinuntersieht, die sich den See entlang Richtung Alpen schlängelt.

In einiger Entfernung entdeckt sie ein grosses Gebäude. Auf einem Wegweiser steht »Casino-Theater« geschrieben. Es löst etwas in ihr aus und so geht sie hin. Die Flügel der Eingangstüre stehen weit offen. Sie betritt das Gebäude. Ein Gefühl überkommt sie, als würde sie erwartet. »Grosser Saal, kleiner Saal«, steht zusammen mit Richtungspfeilen auf einer Hinweistafel. Sie begibt sich zum grossen Saal, läuft den Hauptgang durch die Sitzreihen hinunter, fühlt alle Blicke auf sich gerichtet. Sie geht die Stufen zur Bühne hoch, läuft zur Mitte und bleibt stehen, möchte etwas sagen, die Anwesenden begrüssen. Sie schaut in den Zuhörerraum, sagt nichts – es ist niemand da, kein Publikum, das ihr zuhört, zu ihr aufsieht. Ein Gefühl von Ohnmacht überkommt sie, sie fühlt sich betrogen und fängt an zu schluchzen. Die junge Frau bricht mit einem lauten Stöhnen zusammen; richtet sich umgehend wieder auf und schreit in den leeren Zuschauerraum: »Ich bin zurück, ich bin zurück, ich lasse mich nicht aufhalten, von niemandem!« Sie steigt, den Kopf hoch und Entschlossenheit in ihrem Gesicht, von der Bühne hinunter und verlässt das Casino-Theater, geht zum Hotel zurück. Dort lässt sie sich in ihrem Zimmer auf das Bett fallen und vergräbt ihr Gesicht im Kissen. Nach kurzer Zeit dreht sie sich wieder um und starrt zur Decke, lässt die Geschehnisse Revue passieren. Dann steht sie auf und geht zur Lobby, setzt sich dort auf einen der Sessel und liest die Artikel zur Schlagzeile auf der Frontseite.

Langsam kommt ihre Erinnerung zurück; sie fühlt, je mehr sie über sich liest, dass sie nach Hause möchte. Sie schaut auf die Adresse auf dem Schild um ihren Hals und bricht erneut auf. Sie will ihr Zuhause aufsuchen, ihre Familie, die sie mag und auf sie wartet.

Ihr Zuhause gibt es nicht mehr, nichts ist mehr, und schon gar niemand, der auf sie wartet. Nur Ruinen und verbrannte Erde, soweit das Auge reicht.

Die junge Frau steht ungläubig an den Gestaden des Zürichsees und schaut zum anderen Ufer, zur Goldküste hinüber, wo all die Vermögenden wohnen – gewohnt hatten. Das Wasser ist ruhig. Es herrscht eine unheimliche Stille. Im See dümpeln tote Enten und Schwäne. Die junge Frau schaut sich nach Paketen um, in Plastikbeuteln, an orangefarbenen Fallschirmen befestigt. Sie sieht keine. Sie sieht stattdessen eine Wasserleiche im Schilf, glaubt, aus der Entfernung weitere Leichen zu sehen.

Kein Leben ist mehr hier, alles ist tot. Hier ist es noch hoffnungsloser, jemanden zu finden, als dort, von wo aus sie aufgebrochen war. Die junge Frau fängt an zu weinen. Zuerst leise, dann immer lauter, bis sie schliesslich in Hysterie ausbricht. Eine Stimme in ihr sagt: Es ist niemand da, der dich hört, dich hören kann. Sie fängt sich wieder, schämt sich für ihr Benehmen, kann sich nicht erinnern, in ihrem Leben jemals wirklich geweint zu haben. Sie war ein einziges Mal den Tränen nahe gewesen, erinnert sie sich, damals, als man sich gegen sie verschworen, sie ausgebootet hatte. Ich bin zurück. Ich bleibe, denkt sie trotzig. Ich lass mich nicht mehr vertreiben; ich bin nicht das erste Mal von ganz unten gekommen. Dieses Mal werde ich mich durchsetzen, an die Macht zurückkommen. Nichts und niemand wird mich mehr davon abhalten.

Sie entscheidet, zurückzukehren, neu anzufangen an dem Ort, an dem der Schalenkoffer sie in ihr neues Leben entlassen hat. Ich werde gebraucht, denkt die junge Frau, grad jetzt, grad dort, es ist kein Zufall. Sie steht auf und geht zurück, begibt sich zu den Bahngeleisen, die ihr den Weg hierher gewiesen hatten; durchquert einen Tunnel und noch einen, geht zurück in ihr neues Zuhause, ihr neues Leben. Auf dem Weg dorthin schmiedet sie Pläne für ihre Zukunft. Denkt, wie schön es wäre, jemanden dabeizuhaben.

* * *

Er verlässt seine Wohnung zum ersten Mal, seit er sie vor ein paar Tagen wieder in Besitz genommen hat, nachdem er Monate, vielleicht ein Jahr, weggewesen war. Alle Bewohner hatten das Gebäude kurz vor seiner Rückkehr verlassen. Im ganzen Haus hat er nichts Essbares und auch nichts zu trinken gefunden. Obwohl – er fühlt sich nicht hungrig und durstig. Ihm ist eher aus Gewohnheit nach essen und trinken, es gehört zum Rhythmus des Tages dazu wie das Verlassen des Hauses zum täglichen Spaziergang, den er sich in den vergangenen Tagen ebenfalls untersagt hatte. »Fussweg zum Bahnhof und zur Post« steht auf einem gelben Wegweiser.

Der Weg hinunter in die Stadt verläuft erst durch eine wilde Baumallee am Rande einer grossen Wiese, dann durch ein kleines Wäldchen. Der Weg kommt ihm irgendwie bekannt vor – als wäre er ihn schon unzählige Male gegangen. Er geht die naturbelassenen Stufen hinunter, dann den gepflasterten Weg entlang. Dabei lässt er die Vergangenheit Revue passieren, zumindest das, woran er sich noch erinnern kann. Seine Erinnerung setzt dort ein, als er vor einigen Monaten mit einem Schild mit Namen und

Adresse um den Hals auf einer Bank bei der Bushaltestelle Altstadt seine Augen geöffnet hatte. Er hatte sich sogleich auf den Weg gemacht zu der Adresse und sein Wohnhaus wiedererkannt. Noch vor dem Haus hatten sie ihn aufgegriffen und an einen Ort gebracht, den er nicht mehr hatte verlassen dürfen. Er hat es trotzdem gemacht, vor ein paar Tagen erst: Er wollte seine Existenz fortsetzen, seinen früheren Lebensraum wieder in Besitz nehmen – den man ihm genommen hatte, gleich zweimal.

Er hat die Erschütterung gespürt und den Rauchpilz gesehen, der über der Goldküste auf der anderen Seite des Zürichsees aufgestiegen war, während er auf seinem Weg zurück in die endgültige Freiheit war. Er sass im Zug, auf dem Weg nach Hause von dem Ort, an dem er monatelang festgehalten worden war. Er hatte die Warnung auf seiner Armbanduhr, seinen Bewegungsradius nicht zu verlassen, ignoriert. Der Zug hielt mitten auf der Strecke an. Die Türen mussten per Nothahnen geöffnet werden. Sie wurden gebeten, ruhig zu bleiben und nicht in Panik auszubrechen, den Zug geordnet zu verlassen und den Zugführern zu folgen. Diese führten sie dann in einen nahen Tunnel. Sie gingen weit in den Tunnel hinein. Ihnen wurde gesagt, sie sollen zusammenbleiben und warten, bis Hilfe kommt, und weitere Instruktionen abwarten. Er hat es überhört, war nicht geblieben, sondern weiter durch den Tunnel gelaufen. Er hat ihn auf der anderen Seite verlassen, einen weiteren Tunnel durchquert und war zu seinem früheren Wohnhaus gegangen.

Es herrschte eine grosse Aufregung in der Stadt. Alles war unterwegs. Die Strassen waren voll mit Bussen, Personenwagen, Motorfahrrädern und Velos; vollgepackt mit Waren und Leuten. Sie fuhren alle Richtung Süden. Sie waren dazu von Polizeifahrzeugen mit Megafonen auf dem Dach angehalten worden. Sie sollten alles stehen und liegen lassen, war ihnen gesagt worden, und sich in Richtung Süden aufmachen, ohne Panik jedoch. Er ging nach Hause, wartete in einem Spielhaus auf dem Spielplatz neben seinem früheren Wohnhaus, bis es ruhig war. Dann ging er zur Rückseite des Gebäudes und sah zum Balkon seiner Wohnung hoch. Er versuchte, die Metallstützen der Balkone hochzuklettern, und war erstaunt, wie leicht es ihm fiel. Die Balkontüre war verschlossen, doch das Fenster zum Schlafzimmer stand offen. Er stieg auf das Balkongeländer, setzte einen Fuss auf den Fenstersims, hielt sich am Fensterrahmen fest und gelangte so ins Schlafzimmer. Er wunderte sich erneut, wie leicht es ihm fiel. Das Zimmer war ihm irgendwie vertraut, auch das Wohnzimmer mit integrierter Küche. Die Wohnung war, wie es schien, nach seinem Verschwinden so vermietet worden, wie er sie zurückgelassen hatte. Am Sicherungskasten an der Wand neben der Tür hing ein Schlüssel an einem Haken. Er steckte ihn in das Schloss und drehte ihn. Das Erste, das reibungslos lief, seit er zurück im Leben war.

Er will die Strasse überqueren, möchte zum Einkaufszentrum gegenüber, nachsehen, ob er etwas zu essen und zu trinken besorgen kann. Er schaut nach links, er schaut nach rechts, schaut, dass kein Auto aus der Tiefgarage des Hotels fährt. Er sieht keines; sieht jedoch, auf den Tischen vor dem Hotelrestaurant, Gläser, Tassen und Teller stehen. Auf einem der Tische steht eine ungeöffnete Flasche Mineralwasser. Er geht hin, schraubt den Deckel ab und trinkt die Flasche leer. Ein Plakat an einer Stellwand weist auf die Ausstellung eines lokalen Künstlers in der Lobby des Hotels hin. Der Name des Künstlers sagt ihm etwas.

Er geht zum Eingang des Hotels, um einen Blick durch das Fenster zu werfen. Auf dem Vorplatz liegt ein toter Vogel, weitere liegen auf der Zufahrt. Er wundert sich. Die Eingangstüre des Hotels steht weit offen. Er wagt einen Blick in die Lobby, tritt ein und schaut sich die ausgestellten Bilder an. Die abstrakten Gemälde sagen ihm nicht zu, er sieht sie sich trotzdem an, versucht, sie zu verstehen, um die Langeweile zu vertreiben. Er ist gerade dabei, das Hotel wieder zu verlassen, als er auf der Theke der Bar neben dem Empfang einen Drahtkorb mit abgepackten Snacks stehen sieht. Er leert den Korb, steckt die Packungen in seine Hosen- und Jackentaschen, nimmt zwei Packungen wieder heraus und legt sie zurück. Dann setzt er sich in einen der bequemen Sessel in der Lobby, öffnet eine Packung Erdnüsse und isst sie.

Auf dem gläsernen Beistelltisch, der zur Sitzgruppe gehört, liegt eine aufgeschlagene Zeitung, als wäre jemand während des Lesens nur einmal kurz weggegangen. An den Rändern des Zeitungspapiers sind fettige Fingerabdrücke von groben Händen zu sehen, auf dem Tisch liegen einige leere Packungen Snacks. Er streicht die Packungen glatt und faltet die Zeitung zusammen, legt sie auf das Tischchen. Auf der Frontseite der Zeitung ist das Gesicht eines alten Mannes abgebildet, mit der Überschrift »Wird er zurückkommen?«. Das Gesicht des Mannes sagt ihm etwas. Er glaubt, dem Mann schon einmal begegnet zu sein; mehr als einmal sogar. Er nimmt die Zeitung wieder auf, öffnet sie und liest die dazugehörigen Artikel. Er liest vom Schicksal des alten Mannes, der auf dem Titelblatt abgebildet ist, und erfährt auch einiges über sein eigenes. Sachen, die man ihm nicht gesagt hatte, nachdem er vor einigen Monaten aufgegriffen worden war bei dem Versuch, in seine Wohnung zu gelangen. Man hatte ihn daraufhin in eine Anstalt eingeliefert.

Er hatte damals darauf verzichtet, mehr zu erfahren, nachdem man ihm gesagt hatte, dass sein Leben vor dem Aufwachen an der Bushaltestelle Altstadt kein nennenswertes gewesen sei. Er wusste nur, dass er verschwunden gewesen war, für unbestimmte Zeit, an derselben Stelle, an der er Monate später wieder aufgewacht war. Aber über die Umstände seines Verschwindens hatte er nur Weniges erfahren. Das Einzige, was ihm gesagt worden war während seines Aufenthaltes in der Anstalt, war, dass er damals verschleppt worden sei, dabei sein Leben verloren habe und dass er nicht er selbst sei, sondern sein Klon. Er solle sich aber besser keine Gedanken darüber machen, war ihm gesagt worden, als er sie verwundert angesehen hatte; er solle sich nicht den Kopf darüber zerbrechen. Es sei es nicht wert. Er solle doch einfach sein neues Leben geniessen, war ihm empfohlen worden. Es war ihm recht gewesen. Schmerzhafte Gedanken blenden sich bei ihm seltsamerweise automatisch aus, in dem Moment, wo er sie denkt.

Jetzt aber, wo er durch die Zeitung von dem Verschwinden des alten Mannes erfährt und über sein eigenes, kommen erstmals Erinnerungen hoch an sein früheres Leben. Wie er damals auf Schritt und Tritt vom Bildnis des alten Mannes auf Wahlkampfplakaten verfolgt worden war, die seinen Versuch, an die Macht zurückzukehren, ankündigten. Die ganze Stadt war zugepflastert gewesen mit den Plakaten, mit dem Gesicht des alten Mannes. Auch an der Bushaltestelle Altstadt hatte ihn der alte

Mann von einer Plakatwand herab angeschaut, als er an einem Samstagabend daran vorbeigegangen war, auf dem Rückweg von einem abendlichen Spaziergang; er war dort in eine Gruppe chinesischer Touristen geraten und in demselben Moment hatte sein vorheriges Leben aufgehört.

In einem Artikel wird über einen frustrierten Hilfsarbeiter berichtet, einen komischen Einzelgänger, der damals auf rätselhafte Weise verschwunden und Monate später auf genauso rätselhafte Weise wieder aufgetaucht war. Das Geschriebene bestätigt, was ihm damals gesagt worden war, was ihn bewogen hatte, es abzulehnen, über sein früheres Leben aufgeklärt zu werden: dass er ein unwertes Leben geführt hatte. Dass er ein Benachteiligter gewesen war, über den verfügt worden war. Es ist das erste Mal, dass er sich ernsthafte Gedanken über sein damaliges Verschwinden und die Folgen macht.

Es war damals gewesen, bei seiner ersten Rückkehr an diesen Ort. Er war aufgewacht an der Bushaltestelle Altstadt und sofort zu dem Wohnhaus gegangen, wo er vor seinem Verschwinden gelebt hatte. Er hatte erfolglos versucht, in das Haus zu gelangen, dessen Adresse auf dem Schild stand, das um seinen Hals hing. Der Schlüssel in seiner Jackentasche hatte nicht gepasst, am Briefkasten und an der Klingel hatte ein ihm unbekannter Name gestanden. Er war vor dem Haus aufgegriffen worden und zuerst in eine lokale psychiatrische Anstalt eingeliefert worden, und dann, als man geglaubt hatte, herausgefunden zu haben, um was es sich bei ihm handelte, in die psychiatrische Universitätsklinik in einem Nachbarkanton verlegt worden. Dort war er unter strengster Geheimhaltung auf einer geschlossenen Abteilung festgehalten worden und hatte unzählige Tests über sich ergehen lassen müssen. Anschliessend war er in die Halbfreiheit entlassen worden, mit der Auflage, sich erst täglich und dann wöchentlich zu melden. Er würde sich von Zeit zu Zeit, weiteren Tests unterziehen müssen, wurde ihm gesagt. Zudem war er dazu angehalten worden, einen Bart zu tragen und eine getönte Brille. Auch war es ihm strengstens verboten worden, sich an seinem früheren Wohnort zu zeigen und noch einmal die Adresse aufzusuchen, die auf dem Schild um seinen Hals steht und an der er damals aufgegriffen worden war. Obwohl er seinen neuen Wohnort mochte, das kleine Studio in erhöhter Lage, zog ihn ein innerer Drang schon nach wenigen Tagen an seinen ehemaligen Wohnort zurück. Doch er trug ein spezielles Armband in der Form einer Armbanduhr, das verhindern sollte, dass er sich über einen bestimmten Radius hinaus bewegte. Er hatte es ausprobiert, nach nur wenigen Tagen in Halbfreiheit schon. Er hatte sich getraut, den Radius zu überschreiten, um herauszufinden, was passieren wird. Ein Vibrieren der Uhr hatte ihm angezeigt, dass er den Radius überschritten hatte. Eine Meldung auf dem Display hatte ihn angewiesen, umgehend zurückzukehren. Man kenne seinen Standort. Man werde ihn zu fassen bekommen und ihn wieder einsperren, wenn er der Aufforderung nicht sofort nachkomme. Er war zurückgekehrt. Es hatte ihn jedoch nicht davon abgehalten, es schon kurze Zeit später erneut zu versuchen. Die ständige Kontrolle machte ihm bewusst, dass er speziell war, auch ohne dass er mit den Resultaten der Untersuchungen vertraut gemacht worden wäre oder gewusst hätte, von welcher Bedeutung sie waren, was genau es mit ihm auf sich hatte. Es war ihm recht. Kompliziertes blendete er automatisch aus, in dem Moment, wo er es dachte.

Jetzt jedoch, wo er es der Zeitung entnimmt, werden ihm einige Zusammenhänge plötzlich klar. In einem Artikel werden Vermutungen geäussert, dass es chinesischen Forschern gelungen sein könnte, einem Klon seine Charaktereigenschaften und selbst sein Gedächtnis zu geben. Dass die Anlagen dafür im Klon vorhanden waren und sie lediglich aufdatiert werden mussten. Dies musste die Schweizer Regierung sehr besorgt gemacht haben, dass auch der verschwundene BAM zurückkehren könnte als Klon. Dies musste auch der Grund dafür sein, dass ihm, dem Hilfsarbeiter, jetzt eine Aufmerksamkeit zuteilwurde, wie sie ihm in seinem vorherigen Leben versagt geblieben war.

In einem weiteren Artikel liest er, dass nach dem Verschwinden des Hilfsarbeiters – seinem Verschwinden – nicht viel Aufhebens gemacht worden war. Es war überhaupt erst aufgefallen, dass er nicht mehr da war, als er am Montagmorgen nicht zur Arbeit erschienen war. Es hatte einen weiteren Tag gedauert, bis sein Arbeitgeber die Polizei benachrichtigt hatte, um eine Vermisstenanzeige aufzugeben. Es hatte keine Angehörigen gegeben, die es hätten tun können. Die Suche nach ihm war auch rasch wieder eingestellt worden, nachdem bekannt geworden war, dass es sich bei ihm um einen frustrierten Einzelgänger handelte, der mit seinem Leben nicht zurechtkam und der, wie gemunkelt wurde, unter seinem Singledasein litt. Man war davon ausgegangen, dass ihn der nahe gelegene See, aufgewühlt nach einem Sturm, zwischenzeitlich wieder freigeben würde. Sein Fall war dann auch schnell wieder vergessen worden angesichts der wirtschaftlichen und politischen Probleme, welche das Land heimgesucht hatten; diese hatten die Gesellschaft mehr beschäftigt als ein kaputter Aussenseiter. Es hatte viele Verlierer, Arbeitslose und Desillusionierte gegeben, die sich lautstark bemerkbar gemacht hatten und deshalb eher wahrgenommen worden waren als einer, der sich sowieso nicht zu wehren wusste – der sich offensichtlich aus dem Leben gestohlen hatte.

Einer, der von dieser Krise profitiert hatte, war BAM (Böser alter Mann). Der Begriff war einst von einem Journalisten kreiert worden und wurde zu einem Synonym für ihn, das selbst von seinen Anhängern übernommen wurde; mit der Begründung, dass es jetzt genau so einen brauche, um dem Bösen zu begegnen, das die Schweiz im Innern und von Aussen bedrohe. BAM und seine PRS, die Partei der rechten Schweizer, verstanden es vorzüglich, aus der Not und Unzufriedenheit der Leute einen Nutzen zu ziehen; sie dort abzuholen und für ihre Sache zu gewinnen, sie zu instrumentalisieren. Es wurden schnell Schuldige gefunden, die verantwortlich gemacht werden konnten für die Misere: Fremdarbeiter und ausländische Firmen, die die Schweiz ausnutzen würden, und Nachbarländer, die sich vereint gegen die Schweiz verschworen hatten, sie nicht mehr teilhaben lassen wollten an ihren Errungenschaften ohne Gegenleistungen. Es gelang BAM und seinen Handlangern, auf diese Weise eine Mehrheit für ihr Anliegen zu mobilisieren, den Bundesrat und den Präsidenten in Zukunft vom Volk wählen zu lassen; den Präsidenten mit uneingeschränkter Macht auszustatten und das Präsidialsystem einzuführen.

BAM, der Jahre zuvor unrühmlich aus der Regierung entfernt worden war, weil er wiederholt das Kollegialprinzip verletzt und sich über seine Kollegen hinweggesetzt hatte, sollte triumphal an die Macht zurückkehren: an die alleinige diesmal. Es sah ganz danach aus, als würde es ihm und seiner PRS auch gelingen. Die anderen Parteien und ihre Führer hatten sich heillos zerstritten bei dem Versuch, BAM daran zu hindern, wieder an den Schalthebel der Macht zu gelangen. Anstatt dass sie sich zusammentaten, um sich ihm geschlossen entgegenzustellen, versuchte es eine jede Partei für sich allein und biederte sich dann BAM an, als es nicht gelang. Er lehnte alle ihre Avancen genüsslich und entschieden ab, zahlte es ihnen auf diese Weise heim, dass sie ihn damals geschlossen aus der Regierung geworfen hatten. Die Parteien wiesen sich gegenseitig die Schuld am Misslingen, BAM zu stoppen, zu und verloren auf diese Weise auch das Vertrauen der Bevölkerung. Es schien, als könnte BAM nichts mehr daran hindern, sich zum Landesvater emporzuschwingen. Bis zu dem Tag, als er nach Hier kam, um die Bewohner von Hier zu überzeugen, ihm ihre Stimme zu geben.

In allen anderen Kantonen hatten Umfragen gezeigt, dass er problemlos von einer grossen Mehrheit der Bewohner zum Landesvater gewählt werden würde. Anders in Hier: Hier scherte aus. Den Bewohnern von Hier ging es, im Gegensatz zu den Bewohnern in den übrigen Kantonen, immer noch recht gut. Zu verdanken hatten sie dies hauptsächlich den vielen ausländischen Firmen, die sich in Hier niedergelassen hatten; wegen der niedrigen Steuern. Auch wenn inzwischen etliche von ihnen wegen der Krise insolvent oder weggezogen waren, waren immer noch genug da – vor allem solche von zweifelhaftem Ruf –, sodass es den Einwohnern von Hier recht gut ging. Die Steuerbelastung war noch nicht so hoch wie in all den anderen Kantonen und sie konnten sich den Dreck immer noch von anderen, meist Fremdarbeitern, wegmachen lassen.

Die Einwohner von Hier fürchteten, ihre Privilegien zu verlieren, sollte BAM an die Macht kommen. Hatte er doch angekündigt, nach seiner Wahl ausländische Arbeitskräfte auszuweisen, ihre Jobs von arbeitslosen Schweizern übernehmen zu lassen und ausländische Firmen zu zerschlagen, deren Vermögen einzuziehen und es an unverschuldet in Not geratene rechte Schweizer zu verteilen. BAM war nach Hier gekommen, wollte im Casino-Theater eine Rede halten, um die Einwohner von Hier von sich und seinem Weg zu überzeugen. Er war mit der Bahn gekommen und hatte sich zu Fuss auf den Weg zum Casino-Theater gemacht. Er war allein unterwegs. Er wollte demonstrieren, dass er nichts zu befürchten hat, wollte zeigen: Ich bin ein einfacher Bürger, einer von euch. Es hatte ihn niemand am Bahnhof empfangen und zum Casino-Theater begleitet. Er hatte es so gewollt.

Die Einwohner von Hier waren demonstrativ zu Hause geblieben. Die Strassen waren fast leer. Die wenigen Anhänger von ihm aus Hier warteten bereits auf ihn im grossen Saal des Casino–Theaters, der bis zum letzten Platz besetzt war. Es wurde im Nachhinein gemunkelt, dass die meisten der Anwesenden von auswärts gekommen waren, schon am Nachmittag mit Bussen herangefahren worden waren, getarnt als Touristen. Die Altstadt sei völlig überlaufen gewesen, sagten Altstadtbewohner. Und es seien nicht Asiaten gewesen wie sonst, sondern Leute mit Armbrust, Schweizerkreuz und Edelweiss am Revers. Die einzigen Leute, denen BAM auf seinem Weg zum Casino-Theater begegnete, war eine Gruppe chinesischer Touristen gewesen, die bei der Bushaltestelle Altstadt auf einen Reisecar zugegangen waren. Er sei von ihnen in ihre Mitte genommen worden und, als sie in den Reisecar eingestiegen waren, nicht mehr zu sehen gewesen, sagte eine betagte Frau, welche die Szene von ihrem Stubenfenster aus beobachtet hatte. Es wurde von weiteren Zeugen bestätigt, die in derselben Strasse wohnten wie die Frau. Sie habe gedacht, er sei in die nahe Altstadt ausgewichen, weil er doch Ausländer nicht möge, hatte die alte Frau gemeint.

Anders als bei dem Hilfsarbeiter, der Monate zuvor an der gleichen Stelle verschwunden war, begann, nachdem BAM nicht im Casino-Theater erschienen war, eine beispiellose Suche nach ihm. Heerscharen von Polizei- und Armeeangehörigen aus allen Landesteilen fielen in die Kleinstadt ein. Auf der Rössliwiese landeten im Minutentakt Helikopter und spuckten Mann und Frau und Hund und Material aus. Hier glich einer besetzten Stadt. Er habe sich die Stadtmauern zurückgewünscht, wie damals, als die Habsburger die Stadt belagert hatten, wurde anderntags ein Bewohner der Altstadt in der Zeitung zitiert. Jedes Gebäude, jede Wohnung, jedes Fahrzeug wurde durchsucht, jeder Stein umgedreht auf der Suche nach BAM. Im See von Hier wimmelte es von Polizei- und Armeetauchern, die nach ihm suchten. Gärten wurden umgegraben, Wälder durchforstet, dabei einiges zutage gefördert, nur BAM nicht: im Garten beerdigte Haustiere, wilde Abfalldeponien und grosse Summen Geldes; tief vergraben, versteckt vor BAM, sodass er nicht an sie herankäme, sollte er seine Drohung wahr machen und es ihren Besitzern wegnehmen wollen nach seiner Wahl. Es wurde so manches gefunden, auch Überraschendes: Steinzeitwerkzeuge, Tonscherben, Schmuck und die Gebeine von Menschen aus vorigen Jahrhunderten, nur nicht die von BAM; der blieb verschwunden. Seine Spur verlor sich an der Bushaltestelle Altstadt, wo er zuletzt gesehen worden war. Als hätte er sich dort in Luft aufgelöst, als hätte er kalte Füsse bekommen vor den Bewohnern von Hier.

Die Besetzung von Hier durch Polizei und Militär und inzwischen auch von einer grossen Zahl von Reportern und Fernsehteams wäre wohl noch lange so weitergegangen, hätte nicht in den frühen Morgenstunden ein Reisecar voll besetzt mit chinesischen Touristen vor dem Kantonsspital von Hier gehalten. Die Reisenden wiesen alle Symptome einer schweren Magenvergiftung auf. Erste Untersuchungen zeigten, dass sie Fleisch gegessen hatten, das zu wenig gegart, also noch blutig gewesen war. Zuerst dachte man, dass das Fleisch möglicherweise von einem kranken Rindvieh oder von einer verdorbenen Sau stammte. Nähere Untersuchungen jedoch zeigten, dass es Fleisch von einem Menschen war. Eine DNA-Probe des Blutes zeigte, dass es sich um jenes von BAM handelte. Die chinesischen Touristen hatten den zukünftigen Schweizer Landesvater verspeist und er war ihnen überhaupt nicht bekommen.

»Tot« stand anderntags als einziges Wort schwarz auf weiss auf den Frontseiten aller Tageszeitungen. Berichtet wurde wenig. Das Land war sprachlos. Man wusste nichts zu sagen. Selbst die politischen Gegner blieben stumm. Noch stummer war die PRS: Ihr Sprachrohr, ihren Denker und Führer, gab es nicht mehr.

Die Schweiz erwachte erst wieder aus ihrer Lethargie, als die chinesischen Touristen fit genug waren, um befragt zu werden; die Zeitungen also Ungeheuerliches zu berichten hatten. Es kam ans Licht, dass es sich bei der Reisegruppe um neureiche Chinesen handelte, die schon alles besassen, alles gesehen und erlebt hatten, was es zu sehen und zu erleben gab, und nun als ultimatives Erlebnis eine Reise gebucht hatten, deren Höhepunkt es war, einen Einheimischen des besuchten Landes zu verspeisen. Die Reisenden hatten nur gewusst, dass sie am Ende ihres Trips eine Mahlzeit aus Menschenfleisch vorgesetzt bekommen hatten. Der Reiseleiter, der vielleicht mehr hätte sagen können, war als Einziger an der Vergiftung gestorben.

Es wurde ermittelt, dass der Veranstalter der Reise eine fahrende Störmetzgerei gemietet hatte. Der einheimische Koch und Wirt, der das Fleisch im Auftrag des Veranstalters zu einer Mahlzeit verarbeitet hatte, musste psychologisch betreut werden. Zumal er ein glühender Anhänger von BAM – einer der wenigen in diesem Kanton – war. Es sei nicht das erste Mal gewesen, dass er eine Mahlzeit für chinesische Touristen zubereitet hatte, die das Fleisch selbst mitgebracht hatten, sagte er aus. Man erinnerte sich an den frustrierten Hilfsarbeiter, der damals am selben Ort wie BAM spurlos verschwunden war, und fragte sich nun, ob ihn wohl dasselbe Schicksal wie BAM ereilt hatte – ob er auch das Opfer chinesischer Kannibalen geworden war.

Man hatte ihm damals, als er nach seinem Verschwinden wieder aufgetaucht und aufgegriffen worden war, nicht gesagt, dass er von einem frustrierten Hilfsarbeiter abstammt, der von chinesischen Touristen verspeist worden war. Jetzt, wo er es aus der Zeitung erfahren hat, wird ihm ganz anders. Er mag nicht weiterlesen. Gleichzeitig schafft er es nicht, die Zeitung wegzulegen. So überfliegt er den Rest des Artikels. Er erfährt nur oberflächlich von den Querelen, die zwischen der Schweiz und China ausgebrochen waren und welche die beiden Nationen an den Rand eines Wirtschaftskrieges geführt hatten. Dieser hatte nur durch die Solidarität von Nachbarländern und anderen europäischen Staaten sowie, als sich herausstellte, dass die Chinesen nicht nur in der Schweiz ihr Unwesen getrieben hatten, durch weitere Nationen ausserhalb Europas vermieden werden können. Die drohende Auseinandersetzung, heisst es im Artikel, hatte die Politiker und Bürger daran erinnert, wie wichtig es sei, ein stabiles politisches System zu haben und eine breit abgestützte Regierung, nachbarschaftlich verbunden mit Regierungen von angrenzenden Staaten und weiteren. Eine Regierung, die nicht nur auf ihren eigenen Vorteil und den ihrer Bürger bedacht ist, sondern solidarisch ist mit der übrigen Welt; die politische Entscheidungen trifft, die nicht allein vom Urteilsvermögen, den persönlichen Ansichten und Interessen eines Einzelnen abhängen, sondern auf der Zusammenarbeit vieler beruhen – auf dem Konsens daraus. Eine Regierung, wie sie bestanden hatte, bevor BAM die politische Bühne betreten hatte.

Die Parteien hatten sich zusammengerauft und das altbewährte Regierungssystem war wiederhergestellt worden, liest er. Die chinesischen Touristen waren wegen Kannibalismus vor Gericht gestellt und zu hohen Gefängnisstrafen verurteil worden. Dann jedoch seien sie ausgetauscht worden gegen Schweizer Staatsangehörige und solche aus Staaten, die mit der Schweiz befreundet sind. Sie waren von den Chinesen wegen angeblicher Spionagetätigkeit festgehalten und dann ausgetauscht worden.

Man hatte die Drahtzieher nicht ermitteln können, sie waren unbestraft davongekommen. Die Anschuldigung, dass der chinesische Staat selbst dahinterstecke, war von der chinesischen Regierung vehement bestritten worden, unter Androhung von Vergeltungsmassnahmen, sollten die Verdächtigungen weiter aufrechterhalten und verbreitet werden.

Er mag nicht mehr weiterlesen, möchte die Zeitung jetzt doch zur Seite legen. Die Überschrift eines weiteren Artikels, die ihm ins Auge sticht, hält ihn jedoch davon ab. »Was verschweigt uns die Regierung? Ist ein frustrierter Hilfsarbeiter der Schlüssel zur Aufdeckung eines riesigen Skandals?«, liest er. »Was hat es mit dem frustrierten Hilfsarbeiter auf sich«, wird gefragt, »der vor Monaten plötzlich wieder aufgetaucht war und der seitdem an einem geheimen Ort festgehalten wird? Stimmen die Gerüchte, dass es sich bei ihm um einen Klon handelt?

Dass er damals, wie auch später BAM, von chinesischen Touristen verspeist worden war und dann, grosszügigerweise, als Klon wieder zurückgebracht wurde? Stimmt es, dass er, wie von Verschwörungstheoretikern behauptet, in einer Fabrik reproduziert worden war, wo die chinesische Regierung Supersoldaten mit übermenschlichen Fähigkeiten klont? Ist der aufgefundene Hilfsarbeiter der Beweis für die Richtigkeit dieser Theorien? Hängt von ihm das Wohl der Menschheit ab?« Er legt die Zeitung endgültig zur Seite, steht auf und verlässt das Hotel. Er wandert durch die Stadt, versucht das Gelesene zu ordnen, sich dabei klar zu werden – über sich, seine Situation, über das, was seine Rückkehr ausgelöst hat.

* * *

Das Telefon läutet. Herr Wang nimmt den Hörer ab. »Ein Herr Li wartet draussen, er möchte zu Ihnen«, sagt der Portier, »soll ich ihn hereinlassen?«

»Nein«, sagt Professor Wang, »ich komme hinauf.«

Herr Wang nimmt Herrn Lis Arm und zieht ihn vom Gebäude weg, fragt, noch im Gehen: »Was zum Teufel machen Sie hier? Ich habe keine Probe verlangt.«

»Sie haben damals gesagt, dass ich die Sache im Auge behalten soll, Ihnen Bescheid geben soll, falls sie droht aus dem Ruder zu laufen«, sagt Herr Li. »Sie *ist* aus dem Ruder gelaufen. Und wie.«

»Das weiss ich«, sagt Herr Wang. »Dazu brauche ich Sie nicht. Die ganze Welt weiss es. Dafür hätten Sie nicht hierherkommen müssen. Das ist unverantwortlich, gefährlich – unter diesen Umständen.«

»Wir sollten die Sache abbrechen«, sagt Herr Li. »Wir hätten schon diesen Hilfsarbeiter nicht zurückbringen dürfen. Die wissen inzwischen, dass er ein Klon ist. Es war absehbar, nach der Sache mit diesem BAM.«

»Was wir dürfen und was nicht, bestimmen nicht Sie, das bestimme ich, ich ganz allein«, sagt Professor Wang. »Ich nehme Leben, ich gebe es wieder, ein besseres noch dazu. Ich lass mir das von niemandem kaputtmachen.«

»Das war nicht meine Absicht«, sagt Herr Li. »Ich wollte nur auf die Gefahr hinweisen, die besteht, wenn wir mit der Sache fortfahren.«

»Das Vermeiden von Gefahren hat die Welt noch nie irgendwohin und vor allem noch nie vorwärtsgebracht«, sagt Herr Wang.

»Heisst das, dass wir weitermachen, dass auch dieser BAM wieder zurückkommt?«, fragt Herr Li.

»Genau das heisst es«, sagt Professor Wang. »Ich werde mein Werk vollenden. Nichts und niemand wird mich davon abhalten. Bevor jedoch dieser BAM wieder zurückkommt, wird jemand anderer zurückkommen«, meint er, mit einem entrückten

Lächeln in seinem Gesicht und einem Leuchten in seinen Augen.

»Da war niemand anderer nach diesem BAM«, sagt Herr Li, »da kann niemand mehr kommen.«

»Das stimmt, da war kein anderer. Aber unterschätzen Sie nicht meine Fähigkeiten«, sagt Professor Wang, nun Wahn in seinem Blick.

»Wir sollten die Sache wirklich stoppen«, sagt Herr Li. »Ich habe ein ungutes Gefühl. Dieser BAM ist uns nicht gut bekommen, er liegt uns noch heute auf dem Magen. Er wird uns noch das Genick brechen.«

»Ihres vielleicht«, sagt Professor Wang. »Das kann passieren, wenn man Fehler macht.«

»Ich möchte gerade einen grossen Fehler verhindern«, sagt Herr Li kleinlaut.

»Sie können gehen, auf Wiedersehen«, sagt Professor Wang barsch. »Oder nein – nicht auf Wiedersehen. Ich will Sie gar nicht wiedersehen. Verschwinden Sie. Kommen Sie mir nicht mehr unter die Augen! Sie werden auch nicht wieder zurückgehen. Sie sind freigestellt, ich brauche so einen wie Sie nicht mehr. Ich mache die Arbeit in Zukunft selbst. Ich will keine solchen Versager wie Sie mehr um mich haben; Leute, die nicht an Grosses glauben und bei dem geringsten Problem davonlaufen.«

»Wer wird dann die Arbeit vor Ort machen?«, fragt Herr Li, der stehen geblieben ist. »Es gibt niemand anderen mit meinem Wissen, mit meinen Kontakten.«

»Sie überschätzen sich«, sagt Professor Wang. »Mindestens einen gibt es noch. Mich!«

Herr Li schaut Professor Wang für eine Weile schweigend an. Dann dreht er sich um, als ob er gehen wolle, bleibt aber stehen.

»Ist noch etwas?«, fragt Professor Wang.

Herr Li greift zögernd in die Jackentasche, entnimmt ihr ein Kuvert und geht auf den Professor zu, streckt es ihm hin und sagt: »Die haben den Hilfsarbeiter aus der Klinik entlassen, wo er festgehalten wurde. Er trägt jedoch ein von ihm nicht abnehmbares Armband, als Armbanduhr getarnt, mit dem sie ihn überwachen und jeden seiner Schritte verfolgen. Ich habe den Code hier.«

»Nichts Schriftliches«, sagt Professor Wang und geht weg. »Das war so abgemacht, das sollten Sie wissen. Sie begehen schon wieder einen Fehler.«

»Entschuldigung«, sagt Herr Li, »ich dachte, es würde Sie interessieren, wie es weitergeht, wenn ich bei der Sache nicht mehr dabei bin, Sie es selbst machen.«

Professor Wang dreht sich um und kommt zurück. »Geben Sie her«, sagt er und reisst Herrn Li das Kuvert aus der Hand.

»Das wird ihm endgültig das Genick brechen«, sagt Professor Wang, als er das Kuvert in seinem Büro auf die Ablage wirft. Er hebt wütend den Telefonhörer ab und wählt eine Nummer.

»Reiseagentur Ultimativ Reisen«, sagt eine Stimme am anderen Ende.

»Ich möchte eine Reise ins Jenseits buchen, einfach«, sagt Professor Wang laut. »Für einen Herrn Li.«

»Und die Adresse des Reisenden lautet?«, fragt die Stimme.

»Das ist die Adresse unseres Geschäftsleiters für Reisen ins Jenseits und retour«, sagt die Stimme, nachdem Professor Wang die Adresse genannt hat.

»Genau«, sagt Professor Wang, »den meine ich.«

»Wie Sie wünschen«, sagt die Stimme. »Wen sollen wir dann an Herrn Lis Stelle informieren, wenn der Koffer, den er in die Schweiz geschickt hat, dort eintrifft?«, fragt sie.

»Mich!«, schreit Professor Wang in den Hörer. »Von jetzt an geht alles an mich. Ich werde mich von nun an um alles selbst kümmern. Die Sache ist zu wichtig, um sie irgendwelchen Dilettanten zu überlassen.« Im Speziellen diese Sendung, denkt er, nachdem er aufgelegt hat. Sie wird mich in andere Dimensionen katapultieren.

* * *

Die junge Frau wacht auf. Obwohl sie nur kurz geschlafen hat, fühlt sie sich fit. Sie hatte sich hingelegt nach der Rückkehr von ihrem Ausflug an den Ort, dessen Adresse auf dem Schild um ihren Hals angegeben ist, ihren ursprünglichen Wohnort an der Goldküste. Sie wollte abschalten nach dem Schock über die Zerstörung dort, nach dem Wissen über den Verlust ihrer Heimat – wollte vergessen. Im selben Moment, als sie dies dachte, war sie weggetreten, als hätte jemand einen Schalter umgelegt. Genauso ist sie wieder aufgewacht. Sie hatte sich nach ihrem Trip ohne sich auszuziehen auf das Bett gelegt und fühlt nun, dass sie ihre Kleider wechseln möchte. Der rosafarbene Trainingsanzug behagt ihr nicht. Er nimmt mir meine Würde, denkt sie, er war nicht meine Wahl. Zudem trägt er den Geruch von Zerstörung und Verwesung an sich, er erinnert sie an den Verlust ihrer Herkunft. Sie schaut sich nach Kleidern zum Wechseln um. In der Garderobe sieht sie einen Koffer derselben Machart wie jener, welchem sie entstiegen war, nur in Braun anstatt in Schwarz. Sie geht hin und öffnet ihn. Darin befinden sich, neben einer Armbanduhr, einem Ring und einigen Goldplomben, auch ein grauer Businessanzug – einer, wie ihn ein Mann trägt –, ein weisses Hemd und Damenunterwäsche. Sie duscht, obwohl sie nicht das Verlangen danach verspürt, und zieht frische Unterwäsche an, probiert das Hemd und den Anzug an. Sie sitzen, als wären sie extra für sie angefertigt worden. Sie betrachtet sich lange Zeit im Spiegel, glaubt sich zu erkennen, sagt: »Ich bin zurück, bin wieder da, ich bleibe.«

Die junge Frau verlässt das Hotelzimmer und geht in die Lobby. Sie langt im Vorbeigehen in den Drahtkorb auf dem Tresen und will einen Snack herausnehmen, doch greift ins Leere. Sie schaut in den Korb. Es befinden sich nur noch zwei Päckchen Erdnüsse darin. Sie wundert sich. Sie hätte schwören können, er war noch halb voll, als sie sich das letzte Mal daraus bediente. Sie setzt sich hin, öffnet eines der Päckchen mit Erdnüssen, das andere steckt sie sich in die Kitteltasche, für später. Während sie sich Erdnüsse in den Mund schiebt, schaut sie auf die aufgeschlagene Seite der Zeitung, die auf dem Beistelltisch liegt. »Was verschweigt uns die Regierung? Ist ein frustrierter Hilfsarbeiter der Schlüssel zur Aufdeckung eines riesigen Skandals?«, lautet eine Überschrift. Sie wundert sich erneut; glaubt, diese Seite nicht aufgeschlagen, den Artikel nicht gelesen zu haben. Sie liest über einen frustrierten Hilfsarbeiter, der vor einiger Zeit verschwunden und dann wieder aufgetaucht war, liest in einem anderen Artikel von Befürchtungen, dass BAM, ein despotischer Politiker und Unternehmer, wieder auftauchen und Ansprüche stellen könnte – liest von Anstrengungen, dies zu verhindern. »Bin zurück«, sagt die junge Frau laut und steht von dem Sessel auf. »Bin zurück!«, schreit sie in die Hotellobby, lässt sich erneut in den Sessel fallen und faltet die Zeitung zusammen; sie macht sich Gedanken, Gedanken über ihr Dasein, darüber, wie es weitergehen soll. Sie steht auf und verlässt das Hotel, begibt sich auf einen Spaziergang, um ihren Gedanken mehr Raum zu geben.

In einem kleinen Park mit Spielplatz nahe dem See setzt sie sich auf eine Bank, starrt in den wolkenlosen Himmel und träumt. Sie stellt sich Leben vor im Park, Kindergeschrei, das Quietschen einer Schaukel, Mütter im Gespräch – und wehrt sich dagegen, dass ihre Wehmut verdrängt wird. Die junge Frau schaut aufs Wasser, sieht die toten Wasservögel, die Pakete an Fallschirmen, sieht ihren Heimatort vor ihrem inneren Auge, ihr Zuhause, die Goldküste, in Schutt und Asche, sagt: »Sie wollten mich nicht haben, das haben sie jetzt davon. Ich brauche sie nicht, hab nie jemanden gebraucht. Ich bin ein Selfmademan, ein Stehaufmännchen, habe schon zweimal von ganz unten angefangen und es nach ganz oben geschafft. Ich schaff es auch ein drittes Mal.« Sie hält ihren Blick trotzig auf dem toten Wasser, den leblosen Enten und Schwänen, fühlt, für einen Moment, Entmutigung aufkommen; sieht die Pakete mit den Fallschirmen daran, findet Ablenkung bei der Frage danach, was es mit ihnen auf sich hat. Sie beschliesst, der Sache auf den Grund zu gehen, steht auf und geht zum See, um sich die Pakete näher anzusehen.

Sie schafft es nicht, an die Pakete heranzukommen, zögert jedoch, ins Wasser zu steigen, um sich eines zu holen. Sie schaut sich um. An einer Mauer angebracht ist ein Erste-Hilfe-Kasten, daneben eine lange Stange, wie sie gebraucht wird, um Ertrinkende aus dem See zu retten. Sie fischt mithilfe der Stange eines der Pakete aus dem See und öffnet es. Darin befindet sich neben Jodtabletten, Energieriegeln und einem Getränk auch ein Schutzanzug mit einer Atemschutzmaske integriert. Ein beigelegtes Schreiben instruiert, wie der Anzug anzuziehen ist. In einem weiteren Schreiben wird darauf hingewiesen, dass man sich in einem radioaktiv verseuchten Gebiet aufhält, das man schnellstmöglich verlassen sollte. Der Proviant würde für fünf Tage reichen und der Anzug für eine ebenso lange Zeit Schutz bieten. Auf dem Schreiben steht auch das Datum des Tages, an dem die Pakete abgeworfen wurden. Nach einem Blick auf ihre Armbanduhr sieht sie, dass die fünf Tage schon abgelaufen sind. Auf der Rückseite des Schreibens befindet sich eine Karte, mit Fluchtwegen eingezeichnet. Darüber steht fett, in roter Schrift geschrieben: »In Ihrer Umgebung hat sich ein nukleares Unglück ereignet, verlassen Sie das radioaktiv verseuchte Gebiet so schnell wie möglich über einen der eingezeichneten Fluchtwege.« »Und das alles, um mich ein weiteres Mal zu verhindern«, sagt die junge Frau nach einem Moment in Gedanken. »Wo ich doch schon da war!«, schreit sie ins Nichts. Die junge Frau fischt weitere Pakete aus dem Wasser, entnimmt einigen die Energieriegel und einem das Getränk. Sie will zum kleinen Park zurück, sich dort auf eine der Bänke setzen, sich im Klaren werden über ihre Situation. Vorher geht sie noch zur Toilette unter der Quaibrücke, obwohl sie nicht wirklich einen Drang verspürt.

* * *

Professor Wang sitzt vor dem Bildschirm. Er nimmt das Kuvert von der Ablage, entnimmt ihm das Schreiben mit dem Code und gibt den Code ein. Auf einer Karte auf dem Bildschirm zieht sich eine rote Linie von Peking in China bis in die Schweiz nach Zürich. Eine zweite, für Professor Wang unsichtbare Linie verfolgt den Weg zurück nach China, zu einer namenlosen Adresse in einem grossen Industriegebiet im Aussenbezirk von Peking; verrät den Standort, wo die Supersoldaten und die Opfer der Entführungen geklont werden, an die Schweiz und ihre Verbündeten. Professor Wang tippt auf das Symbol für Patient. Er liest die Angaben über die dem Code zugehörige Person, liest: frustrierter Hilfsarbeiter, alleinstehend, kontaktarm, willensschwach, leidet unter Minderwertigkeit. »War ein Niemand, ein Nichts, bevor ich ihn unter meine Fittiche genommen habe«, sagt Professor Wang. Er tippt auf »Device Patient«. Es erscheint das Display einer Armbanduhr und eine Karte, welche die Bewegungen des Trägers der Uhr aufzeigt. Auf dem Display blinkt eine Warnung auf, die sagt, dass er seinen Bewegungsradius überschritten hat, dass er umgehend zurückkehren soll, da dies sonst schwerwiegende Folgen für ihn haben würde. Professor Wang schmunzelt, sagt: »Diese Waghalsigkeit, dieser Mut sind neu. Die hat er von mir. Und nun zu dir«, meint er, steht auf und nimmt den weissen Kittel von der Stuhllehne, zieht ihn an und geht zum Kühlschrank. Er gibt einen Code ein, öffnet den Kühlschrank und nimmt eine Probe mit der Aufschrift BAM heraus. Er schaut sie lange an und sagt: »Dir muss ich diese Eigenschaften nicht einimpfen, dir sind sie schon gegeben. Du kommst zurück, so wie du warst.«

Professor Wang verlässt sein Büro, macht, versunken in seine grössenwahnsinnigen Gedanken, die schwere Türe hinter sich zu und geht ins Labor. Er hört den Piepston nicht, den ständigen Alarm. Er sieht die Aufforderung nicht, die Warnung, die in grossen leuchtenden Lettern auf dem Bildschirm steht, den Computer vor dem Verlassen des Raumes immer auszuschalten.

Professor Wang legt die Zelle in den Zeugungsapparat, nach einiger Zeit in eine künstliche Gebärmutter und diese dann in den Brutschrank. Er sagt: »Lebe wohl, BAM.« Er hat den Satz nicht zu

Ende gesprochen, als eine gewaltige Explosion das Gebäude erschüttert, den ganzen Komplex, und die nähere und weitere Umgebung dem Erdboden gleichmacht. Chinas Antwort darauf lässt nicht lange auf sich warten.

* * *

Er sucht den Ort auf, an dem er damals verschwunden und später wieder aufgetaucht war, begibt sich zur Bushaltestelle Altstadt. Er setzt sich dort auf die Bank unter dem grossen Baum mit den ausladenden Ästen und schliesst die Augen, versucht sich mithilfe der Informationen, die er aus der aus der Zeitung hat, an damals zu erinnern, als er verschwunden war, hier an der Bushaltestelle. Es fällt ihm schwer, sich zu konzentrieren, es ist, als wäre da etwas, das seine Erinnerung zu unterdrücken versucht. Er wehrt sich dagegen, strengt sich an, überwindet die Blockade. Er sieht den Reisecar geparkt bei der Telefonkabine, die chinesischen Touristen, die auf den Car zusteuern, sieht, wie sie ihn in ihre Mitte nehmen – und fühlt einen stechenden Schmerz. Dann endet seine Erinnerung. Sie setzt erst wieder ein, als er, hier, auf dieser Bank, vor Monaten zu neuem Leben erwacht war.

Sein Kopf schmerzt von der Anstrengung, sich zu erinnern. Er öffnet die Augen, schaut Richtung Telefonkabine, das Letzte, was er erblickt hatte in seinem vorherigen Leben. In den Boden vor der Telefonkabine eingelassen sind zwei Messingplaketten. Er steht auf, um sie sich näher anzuschauen. Es stehen die Namen von zwei hier verschwundenen Personen darauf, den beiden, die er aus der Zeitung kennt: Der eine ist sein Name, der andere der von BAM, dem bösen alten Mann. Als er sich wieder aufrichtet, fällt sein Blick auf ein von Hand geschriebenes Plakat, angebracht an der gläsernen Telefonkabine. »Warten auf BAM«, steht in grossen Buchstaben darauf. Darunter zu sehen ist das Bild des alten Mannes aus der Zeitung. Es stehen die Namen von Leuten, das Datum und die Uhrzeit, als sie hier auf ihn gewartet haben, auf dem Plakat geschrieben. Er liest die Namen und Daten. Als letzter Eintrag steht: »BAM, bin zurück«; daneben ein Datum und eine Uhrzeit. Er schaut auf seine Armbanduhr, denkt: Da hat sich jemand einen Scherz erlaubt, das kann nicht sein. Würde für den auch keinen Sinn mehr ergeben, geht es ihm durch den Kopf. Es ist niemand mehr da, dem er seine Ideen aufschwatzen kann. Besser so, denkt er. Wäre ein noch ungastlicherer Ort, wenn der seinen Weg fortsetzen könnte. Er sieht seine Gedanken umgehend bestätigt. Jemand hat mit rotem Lippenstift die Worte »Wehe, er kommt zurück« auf das Glas der Telefonkabine geschrieben.

Er macht sich auf den Weg zurück in die Stadt, geht die Treppenstufen zur Altstadt hinunter und läuft den See entlang Richtung Neustadt. Er macht sich Gedanken: über das Plakat, den letzten Eintrag darauf, über das Alleinsein, Einsamkeit. Wäre doch schön, jemanden zu haben, mit dem man das Schicksal teilen könnte, denkt er. Oder besser doch nicht, kommt ihm in den Sinn – lieber allein sein als mit jemandem zusammenleben zu müssen wie diesem BAM; zudem einem Mann. Der Gedanke ans Alleinsein, daran, sein Leben hier allein verbringen zu müssen, wird konkreter, wenn er, bei der Quaibrücke angekommen, die toten Enten und Schwäne auf dem Wasser sieht. Er wundert sich über die Pakete in Plastikbeuteln mit den orangen Fallschirmen daran, inmitten der toten Seevögel; wundert sich noch mehr über jene, welche unter der Quaibrücke aufgestapelt sind. Einige davon sind aufgerissen, andere noch zugeklebt. Er schaut in eines der geöffneten Pakete. Darin befinden sich ein Ganzkörperanzug mit integrierter Schutzmaske und eine Anleitung zu deren Handhabung. Auf einer Inhaltsliste stehen noch Jodtabletten, Energieriegel und isotonische Getränke. In den bereits geöffneten Paketen fehlen die Energieriegel, in einem auch das Getränk. Er macht sich Gedanken über das Weshalb – darüber, ob die Person, die die Pakete geöffnet hat, wohl überlebt hat, rechtzeitig weggekommen ist. Er öffnet eines der noch zugeklebten Pakete und entnimmt ihm einen Energieriegel, liest die Angaben auf der Rückseite. Er ist gerade dabei, die Packung aufzureissen, als eine Männerstimme ihn dabei unterbricht: »Die gehören mir.«

Aus der Damentoilette unter der Quaibrücke ist eine junge Frau herausgetreten und schaut ihn misstrauisch an. Er erschrickt bei ihrer Erscheinung, ihrer tiefen Stimme. Sie kommt ihm irgendwie bekannt vor. »Entschuldigung«, sagt er, »das wusste ich nicht«, und legt den Energieriegel wieder zurück.

»Ich erlaube es Ihnen, einen zu nehmen«, sagt die junge Frau.

Ihre Stimme und ihre Gestik irritieren ihn. Sie erinnern ihn an etwas, an jemand Unangenehmes: das Gesicht des alten Mannes aus der Zeitung und auf dem Plakat. Die junge Frau trägt die Gesichtszüge des bösen alten Mannes, durchfährt es ihn, sie spricht auch wie dieser.

»Nein danke«, sagt er und will gehen.

»Ich habe Ihnen erlaubt, einen Riegel zu nehmen, aber nicht, zu gehen«, sagt die junge Frau.

Er bleibt stehen, schaut sie an, sagt stotternd: »Ich habe keinen Hunger. Ich wollte nur schauen, was genau es ist.«

»Wenn Sie schon keinen Energieriegel wollen, dann nehmen Sie wenigstens die Jodtabletten«, sagt die junge Frau. »Die sind wichtig für Ihre Gesundheit.«

»Wir brauchen keine Jodtabletten«, sagt er.

»Woher wollen Sie das wissen?«, fragt die junge Frau.

»Ich habe es aus der Zeitung erfahren, wir sind Klone«, sagt er.

»Vielleicht sind Sie einer, woher aber wollen Sie wissen, dass ich einer bin?«, fragt die junge Frau.

»Sie könnten in einer radioaktiv verseuchten Umgebung wie dieser hier gar nicht überleben, wären Sie keiner. Und ich habe in der Zeitung über uns beide gelesen; wer wir sind und woher wir kommen. Nur sollten Sie eigentlich ein bö … ein alter Mann sein, keine junge Frau.«

»So«, sagt die junge Frau, »sollte ich.«

»Sie können es nachlesen. In der Lobby im Parkhotel, nicht weit von hier, liegt eine Zeitung auf einem der Beistelltischchen, wo alles drinsteht«, sagt er.

»So«, sagt die junge Frau, »im Parkhotel? Dann waren das also Sie, der meine Snacks weggegessen hat?«

»Das tut mir leid. Ich wusste nicht, dass es Sie gibt, dass sie Ihnen gehören«, sagt er, schaut auf ihre grossen groben Hände und erinnert sich an die fettigen Fingerabdrücke auf dem Zeitungsrand. Er sagt: »Schön, Sie getroffen zu haben«; schämt sich für die Lüge und will gehen.

»Ich verbiete es Ihnen, wegzugehen«, sagt die junge Frau schroff.

»Sie haben das Sagen hier?«, getraut er sich, nach einer Weile zurückhaltend zu fragen.

»Genau«, sagt sie. »Wenn Sie die Zeitung aufmerksam gelesen haben, dann sollten Sie das eigentlich wissen. Sie sollten wissen, dass mein Name BAM ist und ich hier das Sagen habe, der Chef bin. Sie wären dann der Hilfsarbeiter, von welchem ebenfalls in der Zeitung steht. Das würde die Rangordnung eigentlich erklären.«

»Sie waren noch nicht gewählt, als Sie verschwanden«, sagt er.

»Ich wäre gewählt worden, mit Sicherheit, auch ohne Ihre Stimme«, sagt sie.

»Sie sehen nicht gerade aus wie ein alter Mann und viel zu regieren gibt es hier auch nicht, hier sind nur wir zwei«, sagt er.

»Der böse alte Mann wurde mir angehängt«, sagt die junge Frau. »Sie sehen es ja mit eigenen Augen, dass es nicht stimmt, und wir werden mehr sein hier, mit der Zeit.«

»Und wie soll das gehen?«, fragt er.

»Ganz einfach, wir werden uns vermehren, von vorn anfangen«, sagt die junge Frau.

»Ich weiss nicht, ob ich das möchte, ob ich der Richtige dafür bin«, sagt er stotternd.

»Schon vergessen, wer hier das Sagen hat?«

BAMs Rückkehr

Zerstörung

Vom gläsernen Dach, das sich einst über den Bahnhofplatz wölbte, ist nur noch das Skelett zu sehen. Die Uhr am Turm der Heiliggeistkirche steht auf fünf vor zwölf. Sie ist wohl stehen geblieben, denn es ist fünf nach zwölf, als wir den Platz überqueren. Wir sind aus Frankreich angekommen, in einem der wenigen Züge, die noch im Bahnhof Bern halten.

Wir müssen den Weg zu Fuss fortsetzen. Es verkehren keine Trams mehr. Die schmalen Gassen, durch die sie früher fuhren, sind mit Schutt und Abfall übersät. Die Fahrleitungen hängen herunter, auf den Sitzbänken an den Haltestellen liegen verwahrloste Gestalten. Wir wähnen uns im Krisengebiet eines Dritte-Welt-Landes. Von der einstigen Pracht der Schweizer Hauptstadt ist nichts übrig geblieben. Die meisten der stolzen Patrizierhäuser, die einst die Altstadt zierten, sind zerstört. Die kriegerischen Auseinandersetzungen zwischen der offiziellen Schweiz, ihren Schutzmächten und den Abtrünnigen haben hier stattgefunden.

Oft stehen wir vor fensterlosen, russgeschwärzten Fassaden. Unbewohnbar, würde man meinen. Doch dem ist nicht so. In diesen Ruinen leben jetzt mehr Leute als zuvor in den stattlichen Häusern. Alle verfügbaren Räume, selbst Vorratskammern und Keller, werden von Flüchtlingen bewohnt. Kindergeschrei, lautstarkes Streiten von Erwachsenen und Wäschestücke, die von den Simsen hängen, zeugen davon. Es herrscht ein ständiges Kommen und Gehen. Der Platz reicht jedoch nicht für alle Vertriebenen. Denjenigen, die in den Ruinen keinen Unterschlupf gefunden haben, bleiben nur die Überbleibsel der für die Altstadt einst typischen Arkaden. Wo früher Massen von Touristen die Auslagen der schicken Geschäfte bewunderten und die zahlungskräftigen unter ihnen ihr Geld vergeudeten, herrscht heute bittere Not. Die Menschen stehen zwar wieder Schlange, aber nicht mehr, um Delikatessen, Juwelen, Luxusuhren oder teure Kleider zu kaufen, sondern um eine warme Suppe und ein Stück Brot von den Hilfsorganisationen zu ergattern. Diese haben sich in den wenigen noch intakten Gebäuden eingerichtet. So auch das Hilfswerk der Vereinten Nationen.

Hilfe

Wir sind mit Ursula Bärtschi vom UNO-Flüchtlingskommissariat verabredet. Als wir vor dem Gebäude ankommen, verlässt sie es gerade in Begleitung einer Übersetzerin und mehrerer UNO-Blauhelme. »Ich bin auf dem Weg zum Bundeshaus – oder dem, was davon übriggeblieben ist«, sagt sie. »Ein Notfall. Eine Gruppe von Leuten hat unerlaubterweise den Trümmerhaufen, der vom Bundeshaus noch übriggeblieben ist, bestiegen und ihn für besetzt erklärt. Unter der Führung einer alten Frau haben sie eine Flagge der PRS, der Partei der rechten Schweizer, die ja eigentlich für das ganze Desaster verantwortlich ist, gesetzt. Sie weigern sich, den Blauhelmen Folge zu leisten und vom Trümmerberg herunterzukommen. Ihr dürft gerne mitkommen«, sagt sie, »und mir unterwegs eure Fragen stellen.«

Der Schock darüber, was Ursula Bärtschi hier vorgefunden hat, als sie vor wenigen Tagen angekommen ist, steht der dreiundfünfzigjährigen, dunkelhäutigen Frau noch immer ins Gesicht geschrieben. »Ich bin zwar im Voraus über die Zustände informiert worden«, sagt sie in akzentfreiem Englisch. »Aber was ich hier in der Realität angetroffen habe, schockiert mich dennoch.«

»Ich bin ein Berner Meitschi«, beantwortet sie unsere Frage nach ihrer Herkunft und ihrem deutschen Vor- und Nachnamen. »Mein verstorbener Vater ist ein waschechter Berner gewesen, meine Mutter Afroamerikanerin. Vor fünfzig Jahren ist er mit der ganzen Familie in die USA ausgewandert, nachdem damals die Bombe an der Goldküste niedergegangen ist und Zürich und die Zentralschweiz unbewohnbar gemacht hat. Mein Vater ist jedoch schon früh an Krebs gestorben und ich mit erst dreizehn Jahren zur Halbwaise geworden. Ich bin bei meiner Mutter, die nicht wieder geheiratet hat, und in Internaten aufgewachsen. Nach meinem Studium der Politologie mit Schwerpunkt Afrika an verschiedenen Universitäten in den USA und England bin ich in den diplomatischen Dienst der UNO eingetreten und schon nach kurzer Zeit in afrikanische Staaten entsandt worden, wo ich die meiste Zeit meines Erwachsenenlebens verbracht habe. Bis vor wenigen Tagen bin ich in Somalia stationiert gewesen, wo meine Mutter ihre Wurzeln hat. Ich bin dann aber über Nacht mit weiteren dunkelhäutigen UNO-Mitarbeitern aus Somalia abberufen worden, als dort eine ebenfalls dunkelhäutige UNO-Mitarbeiterin, die zwischen zwei verfeindeten Stämmen vermitteln wollte, von einem wütenden Mob als Verräterin beschimpft und mit Steinen beworfen worden und an den Folgen ihrer Verletzungen gestorben ist. Kurze Zeit nach meiner Zurückbeorderung ins UNO-Hauptquartier in New York bin ich mit der Leitung des Büros in Bern betraut worden. Aufgrund meiner Berner Wurzeln traut man mir wohl mehr zu als meinem Vorgänger, einem Auswärtigen, der eher erfolglos agiert hat.« Auf unsere Frage, worin sich ihre Arbeit in der Schweiz von jener in Somalia unterscheide, antwortet Ursula Bärtschi:

»Eigentlich in nichts. Abgesehen von der Hautfarbe der Mehrheit der Menschen gibt es hier nichts, was mir anders vorkommt. Das ist ja gerade das Erschreckende. Ich bin aus einem Land der Dritten Welt in eines der Ersten Welt gezogen, doch außer der Hautfarbe und der Sprache gibt es so gut wie keine Unterschiede. Die Situation der Menschen, denen ich hier begegne, ist dieselbe wie dort. Sie sind Vertriebene im eigenen Land, und das nur, weil sie auf der falschen Seite stehen. Oder weil sie nicht denselben Stammbaum haben wie diejenigen, die das Sagen haben … Selbst die Ignoranz der Nachbarländer ist dieselbe«, fügt sie an. »Jedes Land ist nur auf die eigenen Interessen bedacht.«

Inzwischen sind wir auf dem Bundesplatz angekommen. Wir bahnen uns den Weg durch die Menge, die sich dort versammelt hat und zum riesigen Steinhaufen hinaufschaut. Mühsam erklimmen wir den Trümmerberg, der einmal das Bundeshaus gewesen ist. Ursula Bärtschi will nicht, dass ihr geholfen wird. Langsam kämpfen wir uns hoch, manchmal auf allen Vieren. Keuchend und mit verdreckten Händen stehen wir schließlich vor einer Gruppe von Leuten. Sie umringen eine alte Frau, deren Aufmachung eher an einen Mann erinnert: Der Kurzhaarschnitt und der abgewetzte Businessanzug, den sie trägt, aber auch ihre Gesichtszüge lassen nicht auf den ersten Blick an eine Frau denken.

»Weiß man, wer das ist?«, fragt Ursula Bärtschi

ihre Begleitung. »Mir kommt das Gesicht irgendwie bekannt vor. Ich glaube, ich habe es in Zeitungsausschnitten gesehen, als ich mich mit der jüngeren Geschichte der Schweiz auseinandergesetzt habe.«

»Die Alte behauptet, sie sei BAM«, sagt ein Mann aus der Menge, der uns gefolgt ist. »Der rechtmäßige Führer dieses Landes, ein Politiker und Unternehmer, der einst im Bundeshaus gesessen habe. Er sei dann aber unrechtmäßig hinausgeworfen worden, wie sie sagt, und später böswillig an seinem Wiedereinzug gehindert worden. Die anderen hier sind offenbar ihre Anhänger.«

»Ich glaube, ich habe darüber gelesen«, sagt Ursula Bärtschi.

Sie wendet sich an die alte Frau und stellt sich mittels ihrer Übersetzerin vor. Wie in ihrem Job gewohnt, geht sie mit Bedacht vor, sagt: »Ich bin zur Sicherheit der Leute hier und um zu helfen.« Erwähnt dann: »Es gibt in der Stadt bequemere Orte, um sich aufzuhalten, als dieser ungemütliche Steinhaufen. Für betagte Personen hat das UNHCR sogar erst kürzlich ein Haus mit Betreuung eingerichtet.«

»Dies ist mein Zuhause«, sagt die alte Frau beleidigt mit der Stimme eines Mannes. »Hier gehöre ich hin, hier habe ich das Sagen. Verschwinden Sie! Sie haben hier nichts verloren!«

»Ich leite seit Kurzem das Flüchtlingssekretariat des UNHCR in Bern, welches das Camp hier eingerichtet hat und jetzt verwaltet«, sagt Ursula Bärtschi bestimmter. »Ich bin deshalb zuständig für Sie. Verantwortlich für Ihre Sicherheit, Ihr Wohl.«

»Scheren Sie sich zum Teufel!«, sagt die Alte. »Sie haben mir überhaupt nichts zu sagen. Für mich ist nur einer zuständig, und das bin ich selbst. Ich bestimme hier, ich allein. Als ich noch das Sagen hatte, ging es dem Land gut. Mit euch hat das ganze Unglück erst angefangen. Ich war schon immer dagegen, dass wir der UNO beitreten und uns fremdbestimmen lassen.«

»Wir treten hier nicht als Befehlshaber auf«, sagt Ursula Bärtschi. »Wir sind nur hier, um zu helfen nach der Katastrophe.«

»Ihr seid die Katastrophe«, sagt die alte Frau. »Ihr! Und jetzt machen Sie, dass Sie von hier wegkommen, bevor ich ungemütlich werde!«

Ursula Bärtschi richtet sich mithilfe ihrer Übersetzerin an die Leute, welche die alte Frau umringen: »Ich appelliere an Ihre Vernunft. Sie können hier nicht sitzen bleiben. Ich bitte Sie, diesen Ort zu verlassen und die Frau mitzunehmen. Es ist zu Ihrem Wohl und zum Wohl der Frau.«

Die Leute rühren sich nicht vom Fleck, bleiben stumm.

»Ihr braucht keine Angst zu haben«, sagt Ursula Bärtschi. »Nicht vor uns, aber auch vor niemand anderem …«

»Die haben keine Angst vor Ihnen«, unterbricht

die alte Frau Ursula Bärtschi, »und auch vor niemand anderem. Die sprechen nur nicht mit jeder Dahergelaufenen, lassen sich von fremden Vögten nichts sagen, und von Ihnen schon gar nicht, einer Schwarzen.«

»Wir zwingen euch zu nichts«, versucht es Ursula Bärtschi erneut. »Ihr seid freie Bürger dieses Landes. Wir sind nur hier, um euch zu helfen, wieder etwas Normalität in euren Alltag zu bringen, um …«

»Halt den Mund!«, fällt die alte Frau Ursula Bärtschi erneut ins Wort. »Dafür, dass die Normalität hier wieder Einzug hält, bin ich zuständig. Ich und niemand anderes.« Ursula Bärtschi will etwas erwidern, als die Alte einen Steinbrocken in die Hand nimmt und sagt: »Du haust jetzt sofort ab von hier, sonst passiert etwas!«

Einer der UNO-Blauhelme entwindet ihr den Steinbrocken. Ein paar Anhänger der alten Frau packen daraufhin ebenfalls Steine und tun es ihr gleich. Die Blauhelme greifen nach ihren Waffen, halten sie schussbereit vor sich. Die alte Frau gibt ihrem Anhang das Zeichen, sich zurückzuhalten. Ursula Bärtschi ihrerseits deutet den Blauhelmen an, die Waffen zu senken und sich zurückzuziehen.

»Es war weder mein Wunsch noch meine Entscheidung, hierherzukommen«, sagt Ursula Bärtschi, sichtlich mitgenommen vom gerade Erlebten. »Ich war in Somalia stationiert und ich fühlte mich dort auch wohl, fühlte mich dort zu Hause, obwohl es ein Dritte-Welt-Land ist. Ich sehne mich danach zurück. Eine meiner Kolleginnen – ebenfalls eine Schwarze – wurde von Einheimischen mit Steinen beworfen und dabei getötet. Ich und weitere Personen, alles Schwarze, wurden daraufhin zu unserer Sicherheit aus Somalia abgezogen. Ich wurde hierher versetzt, in ein sogenanntes zivilisiertes Land, und nun das! Es kann doch nicht sein, dass ihr alle in so kurzer Zeit zu Barbaren geworden seid.«

»Die haben fünfzig Jahre hinter Mauern verbracht«, sagt der Mann aus der Menge, der Ursula Bärtschi und den Blauhelmen gefolgt ist. »Die haben verlernt, was Zivilisation heißt.«

»Trotzdem«, sagt Ursula Bärtschi und stockt, betrachtet ihre schmutzigen Schuhe; richtet sich dann wieder auf und fährt fort: »Falls es jemanden unter euch gibt, der sich dazu herablassen möchte, mit jemandem wie mir zu sprechen, findet ihr mich in meinem Büro beim UNHCR.«

Ursula Bärtschi ist dabei, sich umzudrehen und zu gehen, als ein junger Mann aufsteht. Er trägt die Züge der alten Frau; man kann deutlich sehen, dass er zu ihr gehört. Er war einer der wenigen, die sitzen geblieben sind und keinen Steinbrocken in die Hand genommen haben. Schüchtern fragt er: »Darf ich mitkommen?« Ursula Bärtschi nickt, lächelt ihn an.

»Du bleibst hier!«, sagt die alte Frau schroff. »Ich

verbiete dir, mit der mitzugehen. Du gehörst hierher, zu uns, zu mir!«

Der junge Mann zögert einen Moment, geht dann aber auf Ursula Bärtschi zu.

»Du gehst nicht mit der!«, schreit die Alte. »Das ist ein Befehl! Die hat hier nichts zu sagen. Hier bin ich der Chef, ich allein!«

Der junge Mann hört nicht auf sie. Er geht weiter und begibt sich in den Schutz der Blauhelme.

»Ich hätte dich mit den anderen zusammen verrecken lassen sollen«, sagt die alte Frau laut, »statt mich deiner anzunehmen. Ich hätte deine Eltern nie zeugen sollen. Geh! Du gehörst nicht mehr zu uns. Wirst schon sehen, was du davon hast. Hast noch nie dazugehört.« »Du hast das Blut von diesem Hilfsarbeiter«, fährt sie leiser fort, wirkt nun gedankenabwesend. »Bist genauso ein Versager wie der, taugst genauso wenig wie dein Großvater, bist für nichts zu gebrauchen.«

»Du möchtest also mit mir sprechen?«, fragt Ursula Bärtschi auf dem Weg zu ihrem Büro den jungen Mann.

Der schüttelt den Kopf. Ihm laufen Tränen über die Wangen. Er knöpft sein Hemd auf, holt einen Brustbeutel hervor, entnimmt ihm einige Papiere und reicht sie Ursula Bärtschi. »Es sind Aufzeichnungen, die ich gemacht habe, über das Leben innerhalb der Mauer,« sagt er. »Und Aufzeichnungen von vor meiner Zeit, die mir der Großvater auf dem Sterbebett gegeben hat, um sie Ihnen weiterzugeben.

»Mir zu geben?«, fragt Ursula Bärtschi.

»Jemandem außerhalb der Mauer, dem ich vertrauen kann, hat er gesagt«, erwidert der junge Mann.

Zeitzeugin

Ich stehe im Büro von Ursula Bärtschi. Es ist ein schlichter Raum: ein Pult, ein Bürostuhl, zwei Stühle für Besucher und ein hölzerner Garderobenständer an der Tür. Als einzige Dekoration dienen Bilder von Afrika, die an die Wände gepinnt wurden.

»Ich brauche das«, sagt sie, als ich die Fotos betrachte. »Mir ist das Leben dort vertrauter als das hier, auch wenn es hier heute nicht viel anders aussieht und zugeht als dort.«

Ich sitze auf einem der Stühle für Besucher. Ursula Bärtschi sitzt mir gegenüber. Ein Monat ist seit unserer ersten Begegnung vergangen.

»Dem jungen Mann geht es den Umständen entsprechend gut«, sagt Ursula Bärtschi auf meine Frage nach seinem Befinden. »Er ist an einem sicheren Ort untergebracht und wird psychologisch betreut. Ich habe Sie heute herbestellt«, sagt sie, »weil mein Vorgesetzter glaubt, dass man die Vorgänge, die sich vor fünfzig Jahren hier abgespielt haben, und ihre Folgen der Weltöffentlichkeit nicht vorenthalten darf. Es würde vielleicht helfen, das zuvor Unvorstellbare, das mit der Schweiz geschehen ist, zu verstehen, und könnte vielleicht dazu beitragen, dass sich dasselbe anderswo nicht wiederhole. Da Sie eine Zeugin der Ereignisse vor einem Monat auf dem Bundesplatz sind und zudem eine Zeugin der Ereignisse der vergangenen fünfzig Jahre seit dem Mauerbau – ich habe einige ihrer Artikel über jene Zeit gelesen –, sind sie die richtige Person, um davon zu berichten.

Die Bombe

Der Niedergang der Bombe damals an der Goldküste hatte eine verheerende Wirkung: Das rechte Zürichseeufer wurde komplett verwüstet, der Kanton Zürich und die Zentralschweiz waren atomar verseucht und daher unbewohnbar. Die Schweiz wurde auseinandergerissen. Die unversehrten Landesteile, vor allem die Grenzkantone hatten grosse Schwierigkeiten, all die Flüchtenden aufzunehmen und zu versorgen. Ohne die Hilfe der Nachbarländer Italien, Frankreich, Österreich und Deutschland wäre die Aufgabe nicht zu bewältigen gewesen. Die Hilfe kam schnell, grosszügig und unbürokratisch. Auch

Unterstützung aus dem übrigen Ausland erfolgte rasch und generös. Schon Tage nachdem beschlossen worden war, um die atomar verseuchten Gebiete eine grosse Mauer zu errichten, war eine Armada von Schiffen aus Übersee aufgebrochen, um Teile einer Mauer, die in Amerika nicht mehr gebraucht wurde, nach Europa zu bringen. Mit Spezialtransportern der EU-Armee, für den Transport von Behelfsbrücken, wurden die Mauerteile in die Schweiz gefahren und dort von Armeeangehörigen aus der Schweiz und der EU in Rekordzeit aufgebaut. Auf die Bitte von Bundesbern blieben die EU-Soldaten auch hinterher noch im Land, um die Versorgung der Flüchtlinge sicherzustellen und die Ordnung aufrechtzuerhalten. Dies wurde zusehends nötig, da schon kurze Zeit nach der Fertigstellung der Mauer Stimmen laut wurden, die verlangten, dass ausländische Mitbürger in ihre Herkunftsländer zurückgeschickt werden sollten, um Wohnraum und Arbeitsplätze für jene »Einheimischen« zu schaffen, die Zürich und die Zentralschweiz hatten verlassen müssen. Dies entzweite die Schweiz in Gegner und Befürworter einer solchen Massnahme. Die Befürworter einer Ausweisung waren jedoch in der Überzahl, wie Umfragen zeigten. Dies führte dazu, dass die PRS, die Partei der rechten Schweizer, erstarkte. Es wurde vermutet, dass sie hinter der Idee und ihrer Verbreitung steckte.

Bundesbern, welches seit der Katastrophe per

Dekret regierte, stellte sich entschieden gegen die Idee der Ausweisung, mit dem Argument, dass die Schweiz nicht zuletzt dank dieser ausländischen Mitbürger zu dem geworden war, was sie vor der Katastrophe gewesen sei, und man diese jetzt nicht einfach fallen lassen dürfe. Auch würde man damit gerade jene Länder verärgern, die der Schweiz in ihrer grössten Not beigestanden hätten. Zudem sei die Mehrzahl der ausländischen Mitbürger, die in den atomar verseuchten Landesteilen gelebt hätten, sowieso in ihre Heimatländer geflüchtet. Die meisten der Hiergebliebenen seien hier geboren und sähen die Schweiz zu Recht als ihre Heimat an, weshalb sie als Bürger dieses Landes zu betrachten seien.

Die PRS richtete sich mit dem Antrag an das Bundesgericht, das Dekret, das es dem Bundesrat erlaubte, unabhängig zu entscheiden, aufzuheben, die Legislative wieder mitregieren zu lassen und auf diese Weise dem Volk seine Stimme zurückzugeben. Die Ordnung sei ja soweit wiederhergestellt, argumentierten sie. Man dürfe dem Volk und seinen Vertretern deshalb zutrauen, ihre Geschicke wieder selbst in die Hand zu nehmen. Das Bundesgericht lehnte den Antrag ab. Die Lage sei noch zu instabil, begründete es seinen Entscheid, sie könne jederzeit wieder kippen und das Erreichte zunichtemachen.

Das veranlasste die PRS, eine Gegenregierung auszurufen, ebenfalls domiziliert in Bern, die sich um die Anliegen der Grenzkantone und ihrer Bewohner kümmern sollte, die ihrer Meinung nach von Bundesbern vernachlässigt würden. Die PRS forderte ihren Bundesrat und alle ihre Parlamentarier dazu auf, zur Gegenregierung überzutreten. Bundesbern seinerseits gelangte nun ans Bundesgericht und beantragte, die Gegenregierung zu verbiete, da sie Unruhe schüre und das sonst schon fragile Zusammenleben gefährde. Gestützt auf ihre Argumentation zur Ablehnung des früheren Antrags der PRS, gab das Bundesgericht Bundesbern recht. Die Gegenregierung wurde verboten. Ihre Mitglieder mussten Bern verlassen. Auch die Bezeichnung »Gegenregierung« durfte nicht mehr benutzt werden. Der Kanton Jura gewährte der Gegenregierung, die sich nun »Alternative Regierung« nannte, Asyl. Sie liess sich in Delsberg nieder und setzte ihre Aktivitäten im Jura fort, wiegelte das Volk zunehmend gegen Bern auf und fordert es schliesslich auf, sich gegen die Regierung zu erheben.

Bundesbern ernannte einen General, um einen möglichen Volksaufstand niederzuschlagen. Der PRS-freundliche Armeechef, bei der Wahl zum General übergangen, verweigerte dem General jedoch die Gefolgschaft, denn er war dem früheren Bundesrat, dem die Armee unterstellt gewesen war, verpflichtet, einem PRS-Mann, der nun der Alternativen Regierung angehörte.

Schliesslich rief die PRS die Armeeangehörigen der Schweiz auf, alle Ausländer auszuweisen, nötigenfalls mit Waffengewalt. Die EU-Armee reagierte umgehend und riegelte die Grenzen ab. Daraufhin rief die PRS durch »ihren« Armeechef die Armeeangehörigen dazu auf, die Ausländer stattdessen nach Bern zu deportieren. Als die EU der dringenden Bitte Bundesberns, die Aufständischen entwaffnen zu helfen, nicht nachkam, zögerte der Bundesrat – um Schlimmeres zu verhindern –, die regierungstreuen Truppen zu Kampf und Widerstand aufzurufen. Er zögerte zu lange. Die Mehrzahl der Armeeangehörigen leistete dem Aufruf der PRS Folge.

So wurden die Ausländer nach Bern abgeschoben und die EU-Armee schaut tatenlos dabei zu. Erst als die PRS-freundlichen Armeeangehörigen anfingen, auch unliebsame Schweizer nach Bern zu deportieren, und als in den Grenzkantonen kriegerische Auseinandersetzungen zwischen bernfreundlichen und bernfeindlichen Truppen auszubrechen drohten, entwaffneten EU-Soldaten ihre Schweizer Kollegen.

Zerfall

In der Folge teilte sich die Schweiz in verschiedene Konfliktparteien auf. Sie wurde für Jahrzehnte zu einem Krisenherd in Europa und drohte dieses in den Konflikt hineinzuziehen.

Bundesbern war dankbar dafür, dass sich die EU um die Grenzkantone kümmerte, die Ordnung dort aufrechterhielt und sich der vielen Flüchtlinge annahm, die nach dem Abwurf der Bombe nach Süden, ins Tessin, geflüchtet waren. Bern hatte mehr als genug mit den eigenen Flüchtlingen und dem feindlich gesinnten Nachbarn zu tun, dem Jura, wo die Alternative Regierung sass. Diese nannte ihr Gebiet jetzt »Fédération Helvetia« und kontrollierte weite Teile der französischen Schweiz. Sie reklamierte zusätzlich die Zentralschweiz und Zürich für sich und versprach die Wiedervereinigung mit diesen Gebieten, wenn in fünfzig Jahren die Mauer dort wieder fallen würde. Die Fédération Helvetia verbündete sich mit dem Wallis, das sich einseitig für unabhängig erklärt hatte, und sich nun Republik Wallis nannte. Die Republik wurde von einem rechtsextremen PRS-Mann regiert, der als Marionette eines exzentrischen Unternehmers und Mäzens diente, der im Hintergrund die Fäden zog.

Die Fédération Helvetia und die Republik Wallis befanden sich in ständigem Streit mit Bundesbern um Gebiets- und Befehlshoheiten, aber auch mit der EU, die sie als Besatzer ansahen und als Schutzmacht von Bundesbern loswerden wollten, um eine grössere Handhabe gegen die offizielle Regierung zu erlangen. Die Fédération Helvetia postierte Truppen an den Grenzen zu ihren unmittelbaren Nachbarkantonen Basel und Solothurn und drohte immer wieder, die EU-Einheiten nötigenfalls mit Gewalt von dort zu vertreiben. Die Republik Wallis erwirkte den Abzug von EU-Soldaten, die aus Frankreich und Italien entsandt worden waren, von ihrem Gebiet, da in Frankreich und Italien europafeindliche Rechtsparteien erstarkt waren und nun in der Politik mitredeten. Die Republik Wallis schottete ihre Grenzen zu Bern und zum Tessin hermetisch ab; sie liess keine Flüchtlinge herein, sondern schoss auf alle, die es trotzdem versuchten; selbst auf Frauen und Kinder. Die Republik wurde mit eiserner Hand regiert und kannte keine Gnade gegenüber Abtrünnigen und Andersdenkenden. Sie wurde immer wieder für Menschenrechtsverletzungen verantwortlich gemacht, wie auch für Territorialübergriffe auf Bern. Die offizielle Schweizer Regierung sah sich zusehends im Würgegriff ihrer beiden miteinander befreundeten Nachbarn, der Fédération Helvetia und der Republik Wallis.

Trotz der Hilfe der EU hatte Bern grosse Schwierigkeiten, die Probleme zu bewältigen, die mit den vielen Vertriebenen auf das Land zugekommen waren. In der Agglomeration und den ländlichen Regionen verlor die Regierung zunehmend die Kontrolle. Die Vertriebenen, die es dorthin verschlagen hatte, fühlten sich in den Gemeinden und Städten auf dem Land nicht gerade willkommen. Auch weil es immer mehr wurden. Um die Stadt Bern zu entlasten, wurden immer wieder Vertriebene dazu angehalten, aufs Land zu ziehen. Daher fühlten sich die Städte und Gemeinden von Bundesbern missbraucht und verlassen. Da auch auf dem Land oft Geld und Personal fehlten, um die Vertriebenen zu betreuen, wurden diese immer öfter sich selbst überlassen. Es bildeten sich Gruppen und Gemeinschaften, die sich in der Not selbst zu helfen begannen – nicht immer mit legalen Mitteln.

Auch die Profiteure, die aus der Not der Menschen ein Geschäft machten, waren nicht weit. Die Kriminalität nahm rasant zu. Es bildeten sich mafiöse Strukturen. Vor allem Dörfer und Städte in den Grenzregionen, weitab von Bern, hatten darunter zu leiden. Immer mehr Stimmen verlangten, dass gegen diese kriminellen Organisationen vorgegangen werde, dass sie zerschlagen würden, bevor ganze Landstriche von ihnen kontrolliert würden und an sie verloren gingen. Weder der Kanton Bern noch Bundesbern verfügten jedoch über die Ressourcen und Mittel, um diese Entwicklung in den Griff zu bekommen. Sie wurden kaum der Probleme Herr, welche die vielen Vertriebenen bereiteten. Die Bevölkerung der Stadt Bern und ihrer Agglomeration war auf ein Mehrfaches der Zahl angewachsen, die sie noch vor dem Zerfall der Schweiz umfasste. Die Regierung legte den Einwohnern immer wieder nahe, aufs Land zu ziehen, doch diese weigerten sich – verständlicherweise, denn sie wussten, welche Zustände dort herrschten. Das Gegenteil geschah: Um ihrer Misere zu entgehen, zogen viele Landbewohner, vor allem alteingesessene, in den Grossraum Bern.

Bundesbern wusste sich nicht anders zu helfen, als sich in der Not an die EU zu wenden. Es bot an, die Schweiz unter die Verwaltung der EU zu stellen, bis sich die Lage wieder normalisiere. Die EU verlangte jedoch einen offiziellen Beitritt, anders sei es nicht möglich, EU-Truppen zu entsenden, um die Kriminalität in der Schweiz bekämpfen zu helfen. Da die Regierung immer noch per Dekret regierte, gelangte sie ans Bundesgericht, mit der Bitte, sie von der alleinigen Verantwortung zu entlasten, indem sie die Beratung der Geschäfte wieder in die Hände einer Legislative legen dürfe, damit ein eventueller Beitritt zur EU breit abgestützt wäre. Das Bundesgericht stimmte zu.

Bundesbern bot allen Kantonen der ehemaligen Schweiz an, Parlamentarier gemäss der vormaligen politischen Zusammensetzung nach Bern zu schicken, um einen Beitritt der Schweiz zur EU zu beraten und darüber abzustimmen. Der Kanton Jura und der Kanton Wallis weigerten sich, Volksvertreter zu entsenden, da sie die Regierung als nicht legitim ansahen. Die PRS drohte mit ernsthaften Konsequenzen, sollten die Parlamentarier sich für einen EU Beitritt aussprechen. Dennoch sprachen sich beide Kammern nach einigem Hin und Her für einen Beitritt zur EU aus – und trotz ständig wiederholter Drohungen seitens der PRS (eine vor einer linksautonomen Institution in Bern explodierte Bombe riss mehrere Leute in den Tod; der Anschlag wurde einer PRS-nahen Gruppe zugeschrieben, doch diese dementierte eine Beteiligung). Ein Gesuch wurde eingereicht, doch mehrere Staaten der EU zeigten sich gegenüber einem Schweizer Beitritt skeptisch, vor allem rechtsnationale Regierungen, die freundschaftliche Beziehungen zur Fédération Helvetia und der Republik Wallis pflegten, waren dagegen. Dies führte zu jahrelangen Verzögerungen. Die Fédération Helvetia und die Republik Wallis nutzten dies aus, um immer wieder Kommandos in die Berner Grenzgebiete zu schicken, die sie von Kriminellen »säuberten« und wo sie eigene Leute installierten, die für Ruhe und Ordnung sorgten.

Vertreter der Fédération Helvetia und der Republik Wallis hatten nun in vielen Städten und Gemeinden der Grenzregionen das Sagen. Bern liess sie ohnmächtig gewähren, rief sie jedoch immer wieder dazu auf, die Menschenrechte und Gesetze einzuhalten. Bern schaue weg, monierten dagegen Menschenrechtsorganisationen, es sei der Regierung recht, dass ihr die Arbeit abgenommen werde, die sie selbst zu tun nicht imstande sei. Und das, obwohl man wisse, dass es sich um Leute der PRS handle, die dort, unter dem Deckmantel der Fédération Helvetia und der Republik Wallis, agierten. Immer mehr auch nicht grenznahe Städte und Gemeinden liessen sich von ihnen verwalten. Die Region, die so entstand, dehnte sich weiter aus und rückte im Lauf der Jahre näher und näher an die Stadt Bern heran. Sie nannte sich »Das andere Bern«.

Das andere Bern sonderte sich zunehmend vom Kanton ab und negierte die Entscheidungen der Regierung. In einer von der Bundesregierung nicht genehmigten Abstimmung sprach sich schliesslich eine Mehrheit der Bewohner des anderen Bern für ihre Unabhängigkeit und einen Anschluss, an die Fédération Helvetia als Halbkanton aus. Das andere Bern stellte einen entsprechenden Antrag an den Kanton, und als dieser abgelehnt wurde, einen an Bundesbern, das ihn ebenfalls kategorisch ablehnte. Daraufhin erklärte sich das andere Bern einseitig für unabhängig und beraumte eine Abstimmung an, betreffend den Anschluss an die Fédération Helvetia. In der Folge wandte sich Bundesbern erneut an die EU und bat um deren Hilfe. Da sich der Rechtsnationalismus auf Schweizer Gebiet immer stärker ausbreitete, jedoch ohne Erfolg. Die EU-Staaten selbst rutschten immer mehr nach rechts und es machten sich Spaltungstendenzen bemerkbar.

In ihrer Not bat die Schweizer Regierung die Vereinten Nationen um Hilfe. Eine UNO-Konferenz wurde einberufen. Es wurden zwar auch kritische Stimmen gegenüber der Schweiz laut, doch am Ende wurde die Resolution einstimmig angenommen: Eine internationale Truppe solle entsandt werden, um Bern vor seinen aggressiven Nachbarn zu schützen. Den Ausschlag gab ein ökonomisches Argument. Die offizielle Schweiz dürfe nicht fallen gelassen werden, hiess es, insbesondere wegen der vielen ausländischen Gelder, die dort noch immer bei den Banken lägen und die bei einem Untergang der offiziellen Schweiz womöglich verloren gehen würden.

Angriff

Die Zusammensetzung der internationalen Einsatzkräfte war noch in Planung, als die Fédération Helvetia mit Unterstützung der Republik Wallis in Bern einfiel, unter dem Vorwand, die Hauptstadt von kriminellen ausländischen Banden säubern zu müssen. Deutschland schickte umgehend eine Antiterroreinheit, um die offiziellen Sicherheitskräfte zu unterstützen. Trotz vereinter Kräfte gelang es ihnen jedoch nicht, die Angreifer zu vertreiben. Es begann ein blutiger Häuserkampf. Dabei wurden viele Gebäude zerstört, zum einen beim Versuch der Antiterroreinheit, die Angreifer, die sich in den Häusern verschanzt hatten, auszuräuchern, zum andern verminten die Angreifer viele der Häuser, um nach deren Verlassen möglichst grossen Schaden anzurichten und sie unbrauchbar zu machen.

Die UNO verabschiedete eine dringende Resolution und stellte über Nacht eine internationale Soforteinsatztruppe zusammen, um Bern aus den Händen der Terroristen zu befreien, wie die Angreifer inzwischen bezeichnet wurden. Zuvor hatten die USA, deren Vertreter in Bern bei den Kämpfen ums Leben gekommen waren, die Fédération Helvetia und die Republik Wallis zu Schurkenstaaten erklärt und die PRS zu einer rechtsradikalen Terrororganisation, die es zu vernichten gelte. Als die Internationale Soforteinsatztruppe in die Kämpfe eingriff, umstellten die Angreifer der Fédération Helvetia und der Republik Wallis das Bundeshaus, erstürmten es und nahmen die Regierung, das Parlament sowie die Kantonsregierung, die dort Zuflucht gesucht hatte, in Geiselhaft. Sie drohten, das Bundeshaus mit allen Personen, die sich darin aufhielten, in die Luft zu sprengen.

Der Präsident der Republik Wallis hatte sich persönlich zum Anführer der »Befreier von Bern«, wie er seine Truppen nannte, erklärt und das Büro des Bundespräsidenten bezogen. Er nahm Verhandlungen mit den internationalen Truppen unter der Führung der USA auf. Diese verlangten die sofortige Freilassung der Geiseln und den bedingungslosen Abzug der Truppen der Fédération Helvetia und der Republik Wallis, ansonsten werde die internationale Soforteinsatztruppe Ziele in deren Gebieten angreifen. Ihnen wurden vierundzwanzig Stunden eingeräumt, um abzuziehen und sich zu ergeben.

Die vierundzwanzig Stunden verstrichen, ohne dass etwas geschah. Daraufhin bombardierten die internationalen Einsatztruppen strategische Ziele in Sion und Delsberg. In der Folge kapitulierten die Angreifer der Fédération Helvetia auf Geheiss ihrer Führung. Der Präsident der Republik Wallis und seine Gefolgsleute im Bundeshaus ergaben sich jedoch nicht, im Gegenteil: Sein Mäzen und eigentlicher Führer in Sion erklärte sich zum »Kaiser aller Regionen der ehemaligen Schweiz« und drohte mit Vergeltung. Der Präsident und der »Kaiser« erhielten eine Frist von weiteren vierundzwanzig Stunden, um sich zu ergeben, die sie jedoch verstreichen liessen – mit dem Resultat, dass die Stadt Sion dem Erdboden gleichgemacht wurde. Die verbliebenen Regierungsmitglieder der Republik Wallis erklärten die Kapitulation und distanzierten sich von ihrem Präsidenten, erklärten ihn für abgesetzt und liessen den selbst ernannten Kaiser verhaften. Daraufhin sprengte der Präsident der Republik Wallis sich selbst und somit das Bundeshaus mit dem gesamten Bundesrat, den Parlamentariern und der Berner Kantonsregierung in die Luft.

Die internationalen Einsatztruppen zogen ab, nachdem sie die Fédération Helvetia und die Republik Wallis von den PRS-Terroristen gesäubert hatten. Die Fédération Helvetia und die Republik Wallis wurden wieder zu den Kantonen Jura und Wallis. Eine UNO-Konferenz fand statt, mit dem Ziel, die alte Schweiz wiederherzustellen. Es wurden Gelder für Nothilfe und den Wiederaufbau zugesprochen. Die EU-Soldaten in den Grenzkantonen wurden, bis die Ordnung garantiert sei, unter das Kommando der Blauhelme gestellt. Die UNO diktierte Bedingungen, unter welchen sich die Grenzkantone autonom verwalten durften, bis Bundesbern wieder in der Lage sei, dies zu tun. Trotz anderslautender Bestimmungen lehnten es die Grenzkantone ab, Vertriebene aus Bern oder dem Tessin aufzunehmen. Die UNO sah davon ab, ihnen diese aufzuzwingen. Der Wiederaufbau sollte sich nicht wegen Streitigkeiten verzögern.

So sind das Tessin und der Kanton Bern für viele Jahre Vertriebenen- und Flüchtlingszonen geblieben, mit überfüllten Lagern, aber auch mit Flüchtlingen, die wild campieren oder unbewohnbare Gebäude, selbst Ruinen, besetzen. Stadt und Kanton Bern sind der Führung des UNHCR unterstellt, da deren Regierungen von den Terroristen der PRS und den Aufständischen der Republik Wallis ausgelöscht wurden. Vor Kurzem sind Gelder für den Wiederaufbau des Bundeshauses zugesprochen worden. Damit begonnen werden solle, sobald die Mauer um Zürich und die Zentralschweizer Kantone falle – wenn die Schweiz wieder zu einem Ganzen werde.

Das Leben hinter der Mauer

Irgendwann lebten dort, in den verstrahlten Regionen, nur noch zwei Personen: der Hilfsarbeiter, wie der Grossvater des jungen Mannes genannt wurde, und eine Frau namens BAM. Die Aufzeichnungen des Hilfsarbeiters sind umständlich und unvollständig. Er werde sich wohl geschämt haben für das, was sich einst hinter der Mauer abspielte, vermutet sein Enkel.

Zu Beginn lebten zwar noch weitere Menschen innerhalb der Mauer, alte Leute und Kranke, die sich weigerten, ihre Heimat zu verlassen. Die radioaktiven Gebiete wurden immer wieder überflogen, und an Orten, wo sich noch Leute aufzuhalten schienen, wurden Lebensmittelpakete abgeworfen. Nach wenigen Jahren jedoch wurde innerhalb der Mauer ausser dem Hilfsarbeiter und BAM sowie einigen Kleinkindern, die sie offenbar gezeugt hatten, kein Leben mehr gesichtet. Die Nachkommen der beiden Klone waren, wie sie selbst, resistent gegen die Radioaktivität.

Das Interesse an ihnen vonseiten der offiziellen Schweiz war gering. Zu gross waren die Probleme, die der Abwurf der Bombe in der übrigen Schweiz verursacht hatte, als dass man sich auch noch um den Hilfsarbeiter, BAM und deren Nachkommen hätte kümmern können. Es kam jedoch immer wieder vor, dass sich ausländische Medien für sie interessierten, und die Stadt namens Hier, wo sie lebten, überflogen, um über sie zu berichten. Mit der Zeit erschöpfte sich jedoch auch dieses Interesse. Es gab über Wichtigeres zu berichten als über das eintönige Leben der Klone hinter der Mauer. Schliesslich interessierten sich nur noch Wissenschaftler für sie. Sie hätten das Leben hinter der Mauer gerne erforscht, ihre Anfragen wurden jedoch immer wieder abgelehnt. Ein chinesisches Forscherteam, das ohne Genehmigung hineinzugelangen versuchte, wurde abgefangen und unverrichteter Dinge ins Heimatland zurückgeschickt.

So ging das Interesse an den Klonen immer mehr verloren. Einzig eine Gruppe von PRS-Leuten, die sich »Warten auf BAM« nannte, gedachte ihrer jeweils am Jahrestag von BAMs Verschwinden. Sie wollten alles über das Leben hinter der Mauer wissen, vor allem über jenes von BAM, da sie ja angeblich aus Genmaterial des einstigen Anführers der Partei geklont worden sei. Sie organisierten trotz des Verbots einen Helikopterflug über das Gebiet und warfen Lebensmittelpakete und Flugblätter ab, die Positives über die PRS berichteten, über ihr Wiedererstarken, ihr Streben zurück an die Macht. In der PRS gab es jedoch nur einige wenige Altgediente, die BAM noch gekannt hatten, sich für sie und ihren Anhang interessierten und BAM als ihre »Gebieterin« sahen. In der Partei hatte sich eine neue Führerschaft gebildet, die niemanden über sich duldete – schon gar nicht eine Frau, noch dazu einen Klon. Für den zweiten Klon innerhalb der Mauer, den Hilfsarbeiter, interessierte sich niemand, wie schon in seinem vormaligen Leben nicht. Hätte es dort noch andere männliche Wesen gegeben, hätte sich wohl nicht einmal BAM für ihn interessiert. Doch es blieb ihr keine andere Wahl, als sich ihn zu nehmen, wenn sie ihr Vorhaben verwirklichen wollte, eine neue Gesellschaft nach ihren Vorstellungen aufzubauen, die eines Tages, wenn sie dereinst die Mauer hinter sich liessen, unter BAMs Führung die Geschicke der Schweiz übernehmen würde.

BAM hatte eigentlich zum Hilfsarbeiter ziehen wollen, in sein Haus am Fuss des Hausberges von Hier, mit Blick ins Grüne, doch er wollte lieber nicht. Er musste ab und zu für sich allein sein können. BAM liess ihm seinen Willen, nötigte ihn jedoch dazu, zu ihr ins Parkhotel zu ziehen. Er nahm sich ein Zimmer in der obersten Etage, am Ende des Flurs. BAM behielt das Zimmer, wo sie »damals aufgewacht, ein zweites Mal zur Welt gekommen war«, wie sie zu sagen pflegte: das erste Zimmer in der ersten Etage, Zimmer 11.

BAM versuchte den Hilfsarbeiter immer wieder von ihrer Idee zu überzeugen, eine neue Gemeinschaft zu gründen, mit ihm die zukünftigen Mitglieder zu zeugen und den Ort neu zu bevölkern.

Der Hilfsarbeiter wollte nicht. BAMs Vision einer Gesellschaft, die besser ist als andere, konnte er nichts abgewinnen. Er war der Ansicht, dass alle Menschen, ungeachtet ihrer Herkunft, gleich sind und dass die Welt keine Grenzen kennen, sondern für alle offen sein sollte. Noch viel weniger konnte er sich vorstellen, mit BAM das Bett zu teilen. Das vermied er so lange wie möglich, doch BAM setzte ihren Willen schliesslich durch. Immer wieder tauchte sie in seinem Zimmer auf, um ihn von ihrer Idee zu überzeugen, wenn nötig durch Einsatz ihrer Reize. Der Hilfsarbeiter widerstand ihren Annäherungsversuchen, bis BAM eines Tages der Geduldfaden riss und sie ihn sich einfach nahm. Das wurde zu einem Ritual; er war ihr Opfer. Im Lauf der Jahre zeugte BAM eine stattliche Anzahl Kinder mit ihm, die sich wiederum untereinander vermehrten und so zu einer kleinen Gemeinschaft heranwuchsen.

Trennung

Als BAMs Besuche im Zimmer des Hilfsarbeiters aufhörten und sie ihn zu ignorieren schien, wenn sie sich begegneten, zog er aus dem Parkhotel aus und kehrte in seine kleine Wohnung am Fuss des Hausbergs von Hier zurück. Einige ihrer Kinder, die in ihren Wesenszügen eher nach ihm kamen, folgten dem Hilfsarbeiter, da sie nichts mit BAMs Vision anfangen konnten und sich von ihr nicht indoktrinieren lassen wollten.

Den Kindern, die bei ihr blieben, verbot BAM, den Kontakt zum Hilfsarbeiter aufrechtzuerhalten. Andererseits befahl sie unter Drohungen, dass die Kinder, die zum Hilfsarbeiter gezogen waren, weiterhin zu ihr ins Parkhotel zum Unterricht kommen sollten. Der Hilfsarbeiter wehrte sich nicht dagegen. Er wusste, er konnte ihnen keine Bildung bieten, konnte sie nicht selbst unterrichten. Mit der Zeit zogen aber trotz BAMs Verbot weitere Kinder zum Hilfsarbeiter, da sie seine Zuneigung vermissten.

Eine von ihnen war die Mutter des jungen Mannes, dem wir das Wissen um das Leben innerhalb der Mauern verdanken, die damals schwanger mit ihm war. Am Totenbett des Hilfsarbeiters erhielt er von seinem Grossvater die Aufzeichnungen, die diesem Report zugrunde liegen.

Aus den Aufzeichnungen geht unter anderem auch hervor, wie BAM dafür sorgte, dass die Kinder, die bei ihr lebten, sich mit jenen, die zum Hilfsarbeiter gezogen waren, paarten – womit BAM sicherstellen wollte, dass sich ihr Blut und mit ihm auch ihr Charakter auf alle Nachkommen übertrugen. So entstanden zwei Sippen. Die Netten, wie BAM sie abschätzig nannte, auf der Seite des Vaters, und die Rechten auf ihrer Seite. Die beiden Sippen lebten friedlich nebeneinander her. Immer wieder kam es vor, dass ein Kind der Rechten heimlich den Hilfsarbeiter aufsuchte, wenn es Zuneigung oder Trost brauchte, wenn es glaubte, von der Mutter zu Unrecht gescholten worden zu sein, oder wenn ein Problem auftauchte, mit dem es nicht zu ihr zu gehen wagte. BAM erlaubte keine Schwächen. Sie war der Überzeugung, dass Anstand eine Behinderung sei und dass man es damit im Leben zu nichts bringe.

Dann starb der Hilfsarbeiter. Er war von Tag zu Tag schwächer geworden. Eines Morgens stand er nicht mehr auf. »Ich habe das nicht gewollt«, waren seine letzten Worte, als ahnte er, was nun geschehen würde.

Mit seinem Tod nahm das friedliche Zusammenleben ein Ende. Die beiden Sippen fielen auseinander. Sie hatten sich schon vorher nicht viel zu sagen gehabt, nun gingen sie ihrer eigenen Wege. Ihre einzige Gemeinsamkeit war die Liebe und Güte des Hilfsarbeiters, ihres Vaters, gewesen, der wie eine Mutter zu ihnen war, in deren warmen Schoss sie sich legen konnten, wenn ihnen danach war. Jetzt war nur noch ein Elternteil da: BAM, kalt und unbarmherzig, und die interessierte sich nur für die ihr nahe stehenden Angehörigen, für diejenigen, die ihr bedingungslos ergeben waren, sie als ihr Vorbild betrachteten. Die anderen behandelte sie wie Abtrünnige, und als diese es ablehnten, sich von ihr bekehren zu lassen, verweigerte sie ihnen zuerst die Bildung, dann verbannte sie sie.

Den Ausgestossenen fehlte ihre Mutter jedoch nicht wirklich. Das Einzige, was BAM ihnen vermittelt und unentwegt eingetrichtert hatte, war ihre Vision von der Schweiz als Nationalstaat, mit ihr als grosser Führerin, und von ihrem Vorhaben, nach Bern zurückzukehren und triumphal ins Bundeshaus einzuziehen. Ihre übrige Erziehung hatte in »körperlicher Ertüchtigung« bestanden, was bedeutete: die Erde bearbeiten, den Acker umstechen, Gemüse anpflanzen, jäten und ernten, um die Ernährung der Sippe sicherzustellen. Selbst dies war ihnen jetzt verweigert worden.

Von nun an mussten sie für sich selbst sorgen. Zu den Lebensmittelvorräten hatten sie keinen Zugang mehr, obwohl sie mitgeholfen hatten, diese anzulegen. BAM ging davon aus, dass der Hunger sie zwingen würde, in ihren Schoss zurückzukehren. Doch sie hatten die Konserven aus den Lebensmittelpaketen, die jährlich vom Himmel gefallen waren, aufbewahrt. So hielten sie sich, wenn auch unter Entbehrungen, über Wasser, bis sie das erste Gemüse ernten konnten, das sie an den Hängen des Hausbergs von Hier angepflanzt hatten.

Zusammen mit den Hilfspaketen fielen auch Flugblätter vom Himmel, die davon berichteten, dass eine Partei namens PRS immer grösseren Erfolg habe und möglicherweise auf dem Weg sei, die Macht wiederzuerlangen. Zum ersten Mal seit Langem sah man BAM lächeln, als sie das erste dieser

Flugblätter in ihren Händen hielt. Danach wurde sie im Hinblick auf ihr Vorhaben in ihrer Indoktrinierung noch umtriebiger. Doch immerhin verhielt sie sich ihren Kindern gegenüber etwas freundlicher, hielt ihnen vor Augen, dass sie, wenn sie dereinst die Mauer verliessen, mit ihrem Nationalstolz zu leuchtenden Beispielen für »die dort draussen« würden. »Die Schweiz den Schweizern!«, beendete BAM den Unterricht jeweils pathetisch. Und all ihre Kinder wiederholten im Chor: »Die Schweiz den Schweizern!«

Alle ausser dem Jungen, dem der Hilfsarbeiter auf dem Totenbett den Brustbeutel umgehängt hatte und das Versprechen abnahm, den Inhalt innerhalb der Mauer auf keinen Fall jemandem zu zeigen und, um den Preis seines Lebens, schon gar nicht BAM. Der Junge sollte das Ehrenwort, das er seinem Grossvater gegeben hatte, halten, obwohl es während der ganzen Zeit unter BAMs Obhut kein Leichtes war, den Brustbeutel zu verbergen.

Schon kurz nachdem der Grossvater gestorben war, hatte BAM den Jungen zu sich geholt. Der Hilfsarbeiter hatte sich damals geweigert, den Jungen herauszugeben, hatte ihn wie seinen Augapfel gehütet. Als BAM erfahren hatte, dass ihr der Junge wie aus dem Gesicht geschnitten war, hatte sie ein besonderes Auge auf ihn geworfen. Die meisten ihrer Kinder hatten die Züge des Vaters, die Buben fast ausschliesslich. Als ihre Kräfte nachzulassen begannen, hatte sie erst recht darauf gewartet, dass eines der Kinder unverkennbar ihre Züge trug. Und es hatte unbedingt ein Junge zu sein, den sie als ihren Nachfolger aufbauen konnte. Die Mutter dieses Jungen wehrte sich, kämpfte um ihren Sohn. Der Vater des Jungen jedoch war einer von BAMs Leuten. Um nicht noch grösserem Ungemach seitens BAM ausgesetzt zu sein, entschied sich die Kommune, den Jungen herauszugeben. Die Mutter schärfte ihm ein, er solle keinen Widerstand leisten, solle sich anpassen, um nicht aufzufallen, dabei aber seine Zugehörigkeit nie vergessen. Sie war sogar dazu bereit, mit ihm zu gehen und die Seiten erneut zu wechseln. Doch das lehnte er ab, aus Angst um sie. Seine Mutter war eine Abtrünnige und er hatte gehört, wie BAM mit solchen umzugehen pflegte.

Ein Leben lang sollte er daran leiden, denn seine Mutter starb, und mit ihr alle anderen von der Sippe seines Grossvaters, des Hilfsarbeiters. Sie verhungerten. Schädlinge und Unwetter vernichteten die Ernte und die Vorräte gingen zu Ende. In diesen schlimmen Zeiten sorgte BAM nur dafür, dass ihre eigenen Leute überlebten, die Abtrünnigen überliess sie sich selbst. Der Junge erhielt hingegen Extrarationen, die BAM sich vom Mund absparte. Er brauchte die Energie, er musste sich konzentrieren, um das, was sie ihm eintrichterte, zu verinnerlichen. Doch noch mehr brauchte er die Energie, um nicht wirklich daran zu glauben, was sie ihm eintrichterte.

BAM legte gar eine gewisse Zuneigung an den Tag. Sie gab sich alle Mühe, ihn auf ihre Seite zu ziehen. Sie zeigte Verständnis, wenn er etwas nicht gleich verstand, erklärte geduldig, wiederholte den Schulstoff und legte ihm immer mal wieder die Hand auf die Schulter. Dann sagte sie stolz: »Mein Sohn.«

Ihm fiel es zunehmend schwer, sich nicht auf BAMs Seite ziehen zu lassen. Aber dann beobachtete er, wie immer mehr Leute aus seiner Sippe auftauchten, ausgemergelte Gestalten, die um Essen baten, jedoch abgewiesen wurden. Als er von seiner Mutter keine Briefe mehr erhielt, begann er nach ihr zu fragen, immer und immer wieder, auch BAM – so lange, bis ein Mann zu ihm kam und sagte, er sei sein Vater und es tue ihm leid, ihm sagen zu müssen, dass seine Mutter gestorben sei. Als der Junge wiederholt nach der Todesursache fragte, sagte der Mann: »Mangelernährung.« Ungläubig sah er ihn an, worauf der Mann hinzufügte: »Es trifft auch uns. Aber du wirst überleben.«

Von da an verweigerte der Junge die Nahrungsaufnahme. Er beschloss, seiner Mutter zu folgen. Für ihn gab es keinen Grund mehr weiterzuleben; nun, da sie nicht mehr da war, erst recht nicht. Er würde sie nie mehr auf Erden sehen, obwohl ihm dies von BAM versprochen worden war – »sobald wir die Mauer verlassen«. Er war schon sehr schwach und dem Ende nahe, sah sich mit seiner Mutter und seinem Grossvater im Himmel vereint, als er eines Tages den Brustbeutel öffnete und zum ersten Mal die Geschichte seines Grossvaters und seiner Grossmutter las. Am Schluss hatte der Hilfsarbeiter geschrieben: »Zeige dieses Dokument innerhalb der Mauer nie jemandem, keiner einzigen Person – erst ausserhalb, und nur jemandem, dem du wirklich vertraust.« Der Junge erinnerte sich an sein Ehrenwort, das er dem Grossvater gegeben hatte. Er besann sich seiner Rolle als Träger der Zeugnisse über die Vorgänge innerhalb der Mauer, und er hörte die Ermahnung seiner Mutter, seine Zugehörigkeit nie zu vergessen. Da beschloss er, weiterzuleben und draussen dereinst Zeugnis abzulegen. Er ass wieder und liess sich von BAM bekehren.

Voller Ungeduld sehnte er den Tag herbei, an dem sie die Mauer verlassen würden und er endlich Zeugnis ablegen könnte über alles, was mit seiner Mutter, seinem Grossvater und seiner Sippe geschehen war. Gleichzeitig fürchtete er sich vor der Welt draussen. Er kannte das Leben ausserhalb der Mauer nicht, auch seine Mutter hatte es nicht gekannt, und der Grossvater hatte nie davon erzählen wollen. Wer immer den Hilfsarbeiter danach fragte, bekam unweigerlich zur Antwort, sein Leben ausserhalb der Mauer sei nicht viel anders gewesen als innerhalb. Auch dort habe er hinter Mauern gelebt – unsichtbaren, aus denen man, im Gegensatz zur Mauer hier, auch nach fünfzig Jahren nicht herauskomme.

Der Junge erkannte, wie ähnlich er seinem Grossvater war. Er war ständig mit sich allein, ein Fremder in der Gemeinschaft, nicht fähig, sich selbst zu wehren, sich mit Worten auszudrücken. Nun glaubte er die Worte des Grossvaters, die ihm damals ein Rätsel gewesen waren, immer besser zu verstehen.

Schliesslich war es BAM, von der er und die anderen Mitglieder der Familie etwas über das Leben draussen erfuhren. Als der Tag näher rückte, an dem sie die Mauer verlassen würden, rief sie ihre ganze Sippe zusammen. Sie beschrieb ihnen vor allem die Gefahren, die draussen auf sie warteten. Insbesondere »die Linken und Netten« werde es zu bekämpfen gelten, bläute sie ihnen ein, da diese mit allen Mitteln versuchen würden, sie davon abzuhalten, triumphal ins Bundeshaus zurückzukehren und das Land erfolgreich zu führen. Sie erzählte ihnen aber auch von »Leuten aus der Mitte«, die wohl noch immer glaubten, das Land könne nur kollektiv, im Konsens und durch Kompromisse geführt werden. »Faul«, schimpfte BAM jeweils kompromissbereite Leute aus den eigenen Reihen. Und sie erzählte von der »Ausländerplage«, die es »mit harter Hand in den Griff zu bekommen gelte.« Sie beschrieb aber auch die schöne Stadt Bern, die nun ihre Heimat werden würde, die herrschaftlichen Häuser dort, die Prachtbauten, in denen sie wohnen würden, die Arkaden und nicht zuletzt die Geschäfte mit all den Delikatessen in der Auslage, die bald ihren Speisezettel bereichern würden. Vor allem aber redete BAM vom Bundeshaus, wo sie in Zukunft ein- und ausgehen würden, von dem aus sie unter ihrer Führung – »respektive deiner, wenn ich einmal nicht mehr bin«, wie sie sagte, wenn sie mit dem Jungen allein war – die Geschicke der Schweiz in die Hand nehmen würden.

BAMs Rückkehr

Scheu und ängstlich sitzt der junge Mann in Ursula Bärtschis Büro. Ich frage mich, ob ich von diesem Häufchen Elend überhaupt etwas in Erfahrung bringen kann, etwas über die letzten Stunden hinter der Mauer und die ersten ausserhalb. Mir fehlt noch einiges, um diesen Report fertig schreiben zu können. Zu meiner Überraschung fängt er jedoch schon nach meiner ersten Frage an, offen zu reden, ohne dass ich ihm die Wörter aus der Nase ziehen muss. Immer wieder muss ich gar das Lachen unterdrücken, etwa wenn er erzählt, wie die uralte BAM am Tag ihrer Abreise von Hier mit einem Traktor, noch viel älter als sie selbst, angefahren kam und eigenhändig einen Wagen anhängte, wie sie ihn aufforderte, sich neben sie auf den Sitz über dem Rad zu setzen, und den anderen befahl, auf der Ladefläche des Anhängers Platz zu nehmen. Wie sie nach stundenlanger Fahrt in Bern ankamen, gerädert, müde, nur BAM immer noch mit hoch erhobenem Kopf, strahlend vor Vorfreude und Stolz, wie schon während der ganzen Fahrt. Wie dann aber, je näher sie dem Stadtzentrum kamen, das Leuchten in ihrem Antlitz erlosch, beim Anblick der bröckelnden, fensterlosen Fassaden all der ausgebrannten Gebäude, und wie ihr die Tränen in die Augen stiegen, als sie das Bundeshaus in Trümmern sah. Wie sie BAM mit vereinten Kräften auf den Trümmerhaufen hinaufschoben und zogen, wie er ihr dabei an den Hintern fassen musste. Wie BAM dann die PRS-Flagge in den Steinhaufen steckte, dabei sei doch vorgesehen gewesen, sie auf der Kuppel zu platzieren, wo sie von weither sichtbar gewesen wäre. Wie das aber nicht möglich war, da die Kuppel umgekippt war und auf der Seite lag, weshalb sie einfach nicht an sie herankamen. Wie er zum ersten Mal in seinem Leben ein Säugetier sah (Vögel habe er schon innerhalb der Mauer ein paarmal gesehen), als plötzlich ein schwarzes Schaf auf der Kuppel auftauchte, das verlegen auf sie herabschaute – und wie vom Fuss des Trümmerbergs unzählige Flüchtlinge kopfschüttelnd nach oben blickten.

Istanbul, Café Europa

Istanbul, 16.04.2017, Café Europa. Es ist ruhig auf den Strassen heute. Die Leute sitzen zu Hause vor dem Fernseher oder in ihren Stammlokalen und verfolgen die Abstimmung. So auch der Gast am runden Tischchen am Fenster in der Ecke; zusammen mit einem Freund, mit dem er sich jeweils samstags im Café Europa zum Teetrinken trifft. Der Kellner kommt kaum mit dem Servieren nach; der Wirt hinter der Theke kaum mit der Zubereitung der Getränke. Die Gäste sitzen da, schauen alle angespannt in die gleiche Richtung, recken ihre Hälse. Der grosse Fernseher über ihren Köpfen, auf einem Schrank, ist an.

Orientalische Musik. Eine grosse Menschenmenge vor dem Präsidentenpalast. Ein Laufband kündigt das Resultat der Abstimmung an.

Der Präsident erscheint. Er ergreift das Mikrofon, verkündet lauthals den Sieg bei den Wahlen für die Einführung des Präsidialsystems. Er sagt: »Das Volk hat eine historische Entscheidung getroffen«; behauptet: »Dieses Land hat eine demokratischere Abstimmung gehalten, als sie jemals in irgendeinem anderen Land des Westens vorgenommen wurde«;

droht, seine Stimme überschlägt sich, im gleichen Atemzug: »Ich werde jetzt die Todesstrafe einführen. Und wenn das Parlament dagegen stimmt, werde ich das Volk fragen.«

Der Kellner nimmt zwei Gläser Pfefferminztee vom ziselierten silbernen Tablett und stellt sie auf das runde Tischchen am Fenster in der Ecke. Er sagt: »Das war's, das ist das Ende.« »Na, na, junger Mann«, meint der Gast am Tischchen, »mal den Teufel nicht an die Wand. Wir haben Regierungen kommen und gehen sehen. Wir sind immer noch da, wie du siehst, und uns geht es gut.« Er tätschelt dabei die Hand seines stummen Gegenübers. Dieser schaut ihn teilnahmslos an.

Der Wirt spricht leise, aber eindringlich mit dem Kellner, wenn dieser zur Theke zurückkommt, um weitere Bestellungen aufzugeben.

Istanbul, Café Europa, in naher Zukunft. Der Fernseher ist an. Orientalische Musik. Eine grosse Menschenmasse. Der Präsident erscheint. Neben ihm seine Frau, mit Kopftuch, ihr Gesicht verschleiert. Er ergreift das Mikrofon, verkündet laut: »Es ist die Pflicht einer jeden Staatsbürgerin, ein Kopftuch zu tragen und ihr Gesicht zu verhüllen. Dies gilt auch für im Ausland lebende Staatsbürgerinnen. Wir würden es ausserdem begrüssen«, sagt er, »wenn Bürgerinnen ausländischer Staaten, die als Gäste in unserem Land weilen, sich unseren Sitten anpassen würden. Ihr habt es euch selbst zuzuschreiben, wenn ihr hier nicht mehr willkommen seid«, mahnt er.

»Nun kann ich meine Frau wieder in der Öffentlichkeit zeigen«, sagt der Gast am runden Tischchen am Fenster in der Ecke und tätschelt die Hand seines stummen Gegenübers.

Istanbul, Café Europa, in naher Zukunft. Der Fernseher ist an. Orientalische Musik. Eine grosse Menschenmasse. Der Präsident ergreift das Mikrofon, verkündet laut: »Ein jeder im Ausland lebende Staatsangehörige und eine jede im Ausland lebende Staatsangehörige sind verpflichtet, eine Erklärung zu unterschreiben, in der sie bekunden, dass sie sich vorbehaltlos zu unserem Staat und zu seiner Autorität bekennen; seine Ideale vertreten, ihrem Heimatland auch im Ausland dienen und im Falle einer Bedrohung für es kämpfen werden – wenn es sein muss, auch ihr Leben hergeben dafür. Eine Ablehnung der Erklärung hätte zur Folge«, droht er, »dass diesen Individuen die Staatsbürgerschaft entzogen wird und sie fortan als Staatsfeinde betrachtet und verfolgt werden. Und wir werden euch kriegen«, überschlägt sich seine Stimme, schreit er ins Mikrofon.

»Wo ist eigentlich der junge Mann geblieben, der uns immer so freundlich und zuvorkommend bedient hat«, fragt der Gast am runden Tischchen am Fenster in der Ecke den Wirt. »Jener, der glaubte, das wäre das Ende«, sagt er, als er vom Wirt keine Antwort erhält. »Für ihn war es das Ende«, sagt der Wirt. »Er ist Kurde.« »Und wo befindet er sich jetzt?«, fragt der Gast. Der Wirt zuckt mit den Schultern, macht ein besorgtes Gesicht, sagt, verhalten: »Ich hoffe, es geht ihm gut.« »Weiss der Teufel im Palast«, wirft ein Gast ein. »Nicht so laut«, sagt der Wirt mit gedämpfter Stimme. »Am Ende verliere ich, nebst dem Personal, auch noch meine Gäste.« »Wir bleiben dir erhalten«, meint der Gast am runden Tischchen am Fenster in der Ecke und tätschelt seinem stummen Gegenüber die Hand. »Danke«, sagt der Wirt, »von zwei Gläsern Pfefferminztee samstags kann ich aber nicht leben.«

Istanbul, Café Europa, in naher Zukunft. Der Fernseher ist an. Orientalische Musik. Eine grosse Menschenmasse. Der Präsident ergreift das Mikrofon. Er gibt, mit Genugtuung in seiner Stimme, bekannt, dass das Volk mit grosser Mehrheit seine Vorlage für die Einführung der Todesstrafe angenommen hat. (Das Parlament hatte die Vorlage zuvor abgelehnt. Sogar einige dem Präsidenten sonst loyal gesinnte Abgeordnete hatten überraschend mit Nein gestimmt. Der Präsident hatte sie nicht einmal gerügt dafür.) »Viel Arbeit für den Scharfrichter und die Beamten im Justizpalast«, meint ein Gast. »Vorbei mit der Gemütlichkeit in Amtsstuben«, sagt er. »Und dann noch dauernd diese

Abstimmungen, diese Volksentscheide, und die viele Arbeit, die damit verbunden ist. Ich wünschte mir die Zeit zurück, wo noch das Parlament für uns entschieden hat, die Schuld auf sich nahm.« »Kommt auf dasselbe hinaus«, meint ein anderer Gast. »Wurde dem Parlament als auch dem Volk von derselben Stelle eingehämmert.« »Ja, ja«, meint ein weiterer Gast, »es ist nicht mehr, wie es einmal war.« Der Wirt hält den Zeigefinger auf seinen Mund, sagt: »Pst«, möchte die aufkommende Diskussion beenden. »Es hat auch seine guten Seiten«, meint der Gast am runden Tischchen am Fenster in der Ecke und tätschelt die Hand seines stummen Gegenübers. »Es wurde zwar für einige Zeit recht stressig im Büro, als etliche meiner Arbeitskollegen plötzlich, über Nacht, verschwanden. Ich musste fortan auch berufsfremde Arbeiten ausführen. So auch Wahlzettel von im Ausland lebenden Landsleuten registrieren. War dann aber alles nur halb so schlimm. Ich habe einen neuen Vorgesetzten bekommen. Einen guten. Musste von da an nur noch das Nötigste machen; nur die Neinsager registrieren, durfte deren Stimmzettel hinterher auch gleich dem Schredder übergeben. Ich wurde sogar zum Bürovorsteher befördert. Habe zwar keine Untergebenen – hab dafür auch keine Probleme mit ihnen – und der Lohn ist auch derselbe geblieben. Ich werde es aber in Kürze, bei meiner Pension, merken.«

Istanbul, Café Amerika, in naher Zukunft. Der Fernseher ist an. Orientalische Musik. Eine grosse Menschenmasse. Der Präsident ergreift das Mikrofon. Er wettert gegen die Europäische Union, kritisiert ihren Entscheid, nach dem Volksentscheid für die Todesstrafe die Aufnahmegespräche mit der Türkei endgültig abzubrechen. »Wir werden nach Europa kommen«, überschlägt sich seine Stimme, schreit er ins Mikrofon, »das verspreche ich euch!« Sein zuvor hochrotes Gesicht erhellt sich etwas, wenn er die Masse darüber informiert, dass er einen Vertrag mit dem amerikanischen Präsidenten unterzeichnet hat. Die beiden grossen Nationen würden zusammenspannen – gemeinsam gegen den IS ins Feld ziehen, um ihn endgültig zu vernichten.

»Wir wären fast vorbeigelaufen heute, hätten dich fast nicht gefunden«, sagt der Gast am runden Tischchen am Fenster in der Ecke zum Wirt und tätschelt die Hand seines stummen Gegenübers. »Weshalb die Namensänderung, weshalb nun das Sternenbanner statt des Sternenkreises auf dem Schild?«, fragt er. »Befehl von oben«, antwortet der Wirt knapp und verschwindet hinter der Theke.

Istanbul, Café Amerika, in naher Zukunft. Der Fernseher ist an. Orientalische Musik. Eine grosse Menschenmasse. Der Präsident ergreift das Mikrofon, verkündet lautstark den Sieg über die Terroristen, den IS; den Tod der meisten ihrer Anführer. Er sei es gewesen, seine Nation, die massgeblich dazu beigetragen habe, die Terroristen zu vernichten; dass es den IS nun nicht mehr gebe, dass es jetzt vorbei sei mit der Angst und dem Schrecken. Er bietet allen übrig gebliebenen Kämpfern, wo immer sie sich auch befänden, freies Geleit an, Aufnahme in eine Nachfolgeorganisation, in seinen Schoss. Er zeigt Verständnis für die Irrgeleiteten, wie er sie nennt. »Es gibt eine Aufgabe für euch, in unserer Mitte, in unserem Reich; ein Weiterleben«, sagt er. »Wenn ihr wollt!«, überschlägt sich seine Stimme, schreit er ins Mikrofon, als wollte er ihm den Kopf abbeissen.

Er fordert die Amerikaner auf, nun den Anführer des Putsches vom Juli 2016 auszuliefern. »Das ist nicht mehr als recht nachdem, was ich und mein Land zur Vernichtung der Terroristen beigetragen haben.«

»Stimmt«, sagt der Gast am runden Tischchen am Fenster in der Ecke und tätschelt die Hand seines stummen Gegenübers. »Die Informationen über die Aufenthaltsorte der Anführer wie auch die Standorte der Waffenlager stammen von uns. Ich habe es mit eigenen Augen gelesen, bevor ich die Akten im Auftrag meines Vorgesetzten dem Schredder übergeben habe.« »Scheint zurzeit deine bevorzugte Arbeit zu sein«, sagt der Wirt; erschreckt ob seiner eigenen Worte. »Kein Wunder«, sagt ein Gast, »die Regierung hat ja schliesslich zuvor mit den Terroristen zusammengearbeitet; gute Geschäfte gemacht, gewusst, wo sie die Informationen wie auch die Waffen abliefern sollen.« »Ich muss Sie bitten, das Lokal zu verlassen«, sagt der Wirt zum Gast. »Entschuldigung«, sagt der Gast kleinlaut, »kann ich bezahlen?« Der Wirt schüttelt den Kopf, geleitet ihn zur Türe. »Ich habe mich zu entschuldigen«, sagt er leise.

Istanbul, Café Amerika, in naher Zukunft. Der Fernseher ist an. Orientalische Musik. Eine grosse Menschenmasse. Der Präsident ergreift das Mikrofon; erklärt sich zum neuen, einzig legitimen und wahren Führer des Islams, des neuen Islamischen Staates, aller Islamisten. »Wenn ihr wollt!«, überschlägt sich seine Stimme, schreit er ins Mikrofon – hebt er den Drohfinger. Er kündigt eine Vorlage zur Einführung der Scharia an. Er verlangt erneut von den Amerikanern, den Anführer des Putsches gegen ihn und sein Land auszuliefern. Er kritisiert den Entscheid der Amerikaner scharf, den Anführer der Putschisten, anstatt ihn der Nation auszuliefern, in Guantánamo zu internieren und ihn an den Internationalen Gerichtshof zu überstellen, falls dieser bereit wäre, ihn zu übernehmen.

Die Gäste des Cafés werden von lautem Motorenlärm vom Geschehen am Fernseher abgelenkt. Sie drehen ihre Köpfe, schauen Richtung Eingang. Vor der Türe des Lokals kommt dröhnend ein schwarzer Sattelschlepper mit einem Schriftzug in arabischen

Lettern zum Halten, verdunkelt das Café. Vorne und hinten werden Treppen ausgeklappt. Die Türe zum Café wird aufgestossen. Vermummte, schwarz gekleidete Gestalten stürmen das Lokal. Sie fordern die Gäste auf, ihre Identitätsausweise bereitzuhalten. Einer nach dem anderen wird überprüft, es werden Gäste aus dem Lokal geführt, verschwinden durch die Vordertüre des Sattelschleppers, im Innern des Ungetüms; bleiben für kürzere oder längere Zeit darin und verlassen es dann durch den Hinterausgang. Die meisten mit gesenktem Haupt; laufen gleich weiter, kommen nicht mehr zurück in das Café, um ihre Rechnung zu begleichen. Ein Gast wehrt sich dagegen, mitzugehen, sagt: »Was hier vor sich geht, ist nicht mit internationalem Recht zu vereinbaren.« Einer der Vermummten schlägt ihm ins Gesicht. Er wird unsanft abgeführt, verschwindet im Innern des Sattelschleppers. Der Wirt steht am Fenster, schaut hinaus, wartet darauf, dass der Mann hinten wieder herauskommt. Er kommt nicht mehr. Die beiden Männer am runden Tischchen am Fenster in der Ecke sind die letzten Gäste, die kontrolliert werden. Sie zeigen ihre Identitätsausweise. Einer der Vermummten setzt zu einem speziellen Gruss an, welcher von den beiden, wenn auch zögerlich, erwidert wird. Der Gast lächelt sein stummes Gegenüber verlegen an, wenn sich die Vermummten abwenden, tätschelt seine Hand. Als Letzter ist der Wirt an der Reihe, seinen Identitätsausweis zu zeigen. Er wird abgeführt, verschwindet im Sattelschlepper und kommt für lange Zeit nicht mehr heraus. Als er wieder ins Café zurückkehrt, schliesst er es hinter sich ab. Er fängt an, die Tischchen abzuräumen, sagt: »Wir machen Schluss für heute.« Er hat ein blaues Auge und weitere Wunden im Gesicht, von Schlägen. Wenn er zum runden Tischchen am Fenster in der Ecke kommt, um zu kassieren, erkundigt er sich nach dem speziellen Gruss von vorhin. »Das ist neu, kommt von oben, wird von uns Staatsangestellten verlangt, um dem Führer unsere Loyalität zu zeigen«, sagt der Gast.

Istanbul, Café Amerika, in naher Zukunft. Es ist Sonntag, das Café bleibt geschlossen. Der Wirt sitzt in der winzigen Küche, hört heimlich die Nachrichten von einem ausländischen Sender. Der Internationale Gerichtshof lehne es ab, den angeblichen Putschführer vom Juli 2016 in Haft zu nehmen und ihm den Prozess zu machen, sagt der Nachrichtensprecher. Die Niederlande bieten jedoch an, ihn vorläufig aufzunehmen und ihn unter Hausarrest zu halten, sollte er selbst damit einverstanden sein; so lange, bis genügend Beweise für einen fairen Prozess gegen ihn vorlägen. Des Weiteren werde verlangt, dass Gerüchte, die behaupten, die Regierung selbst habe den Putsch inszeniert, um mit grösserer Gewalt gegen seine Gegner vorgehen zu können, entkräftet würden.

Amerika habe signalisiert, dass es damit einverstanden wäre, den angeblichen Putschführer mit seinem Einverständnis in die Niederlande auszufliegen, sagt der Nachrichtensprecher. Der Kommentar eines Korrespondenten schliesst mit den Worten, dass es dringend nötig sei, den Präsidenten zur Vernunft zu bringen. Dass, wenn es nicht gelänge, einen sich selbst zum Führer einer Weltreligion ausgerufenen Megalomanen mit Herrschaftsansprüchen von seinen wirren Ideen abzubringen, Sanktionen ergriffen werden müssten. Er erinnert daran, wie der Präsident erst kürzlich bei einer internen Veranstaltung Zweifel an Mohammed als Propheten geäussert haben soll, angedeutet habe, dass erst jetzt die Zeit gekommen sei, es jemanden anderer sein werde, der die Welt auf den rechten Pfad führen werde. Der Wirt schaltet das Radio aus, sagt zu sich selbst: »Nichts, rein gar nichts wird ihn davon abhalten.«

Istanbul, Café Amerika, in naher Zukunft. Der Fernseher ist an. Orientalische Musik. Eine grosse Menschenmasse. Der Präsident ergreift das Mikrofon. Seine Stimme überschlägt sich, er schreit ins Mikrofon, verkündet: »Der grösste Feind unseres Landes ist tot, der grösste Terrorist der Welt ist nicht mehr, die Welt ist befreit von einem grossen Übel! Es waren nicht wir«, sagt er, »aber wir hätten es getan, wären uns nicht die Hände gebunden gewesen.« Er bedauert die zweihundert amerikanischen Soldaten, die ums Leben gekommen waren, als die Maschine mit dem Staatsfeind Nummer eins an Bord abgeschossen wurde. »Hättet ihr ihn an uns ausgeliefert, anstatt ihn, getarnt in einem Truppentransporter, in ein fremdes Land zu fliegen, wären die Soldaten noch am Leben«, sagt er. Er bedankt sich bei den Unbekannten, die den Anführer der Putschisten zur Strecke gebracht haben; spricht gleichzeitig den Angehörigen der getöteten zweihundert Soldaten sein Beileid aus, versichert ein weiteres Mal, dass, wenn sie es gekonnt hätten, ihren Tod, den Tod von Unschuldigen, vermieden hätten. Der Wirt schaltet den Fernseher ab, sagt: »Ich vertrage diesen Lärm nicht mehr.« Der Gast am runden Tischchen am Fenster in der Ecke, lächelt ihm zu, tätschelt die Hand seines stummen Gegenübers.

Istanbul, Café Russia, in naher Zukunft. Der Fernseher ist an. Der Nachrichtensprecher verkündet, dass der Parlamentspräsident und sein russischer Amtskollege ein Papier unterzeichnet hätten, über die enge Zusammenarbeit ihrer beiden Nationen bei der Bekämpfung verbliebener Terroristen, nachdem Amerika die Zusammenarbeit mit ihrem Land aufgekündigt habe. Es wird ein Video eingespielt, in welchem der Führer seinen Landsleuten den Bruch Amerikas mit seinem Land erläutert. Er verurteilt die Haltung Amerikas der grossen Nation gegenüber. Umso mehr, als Russland Beweise vorgelegt habe, die zeigten, dass Rebellen einer abtrünnigen ehemaligen Sowjetrepublik für den Abschuss der Maschine verantwortlich seien. Dass es Hinweise gebe, dass die Maschine mit einer Rakete aus alten Beständen der USSR-Armee abgeschossen wurde. Der Präsident bedankt sich bei Russland dafür, dass es nach dem Abgang der Amerikaner in die Lücke gesprungen sei bei der so wichtigen Bekämpfung von Terroristen.

»Schon wieder ein neues Signet«, sagt der Gast am runden Tischchen am Fenster in der Ecke zum Wirt. »Die Sterne, egal woher, haben mir aber besser gefallen als das banale Weiss, Blau, Rot.« »Und du musst jetzt, in deinem Alter, auch noch Russisch lernen«, meint der Wirt. »Das nicht gerade«, sagt der Gast, »mir war jedoch die Arroganz der Amerikaner lieber als die Unverfrorenheit der Russen. Auch war deren Englisch wenigstens verständlich. Was soll's, nicht mehr lange für uns beide«, sagt er und tätschelt die Hand seines stummen Gegenübers.

Istanbul, Café Russia, in naher Zukunft. Der Fernseher ist an, die Nachrichten werden vorgelesen. Amerika hat sich mit China überworfen, steht an der Grenze zu Nordkorea, das über seinem Territorium eine amerikanische Passagiermaschine abgeschossen hat. Die, nordkoreanischen Angaben zufolge, unterwegs gewesen war, um den Präsidenten und seine Gefolgschaft zu eliminieren, somit Chaos auszulösen und es oppositionellen, von Amerika gesteuerten Kräften zu ermöglichen, das Land zu übernehmen. Gemäss amerikanischen Angaben waren an Bord des Flugzeugs Fallschirmspringer und Schützen gewesen, die an einem sportlichen Anlass in Südkorea hatten teilnehmen wollen. Die Maschine sei über südkoreanischem Gebiet von nordkoreanischen Abfangjägern in den nordkoreanischen Luftraum abgedrängt und dort abgeschossen worden. Die Lage spitze sich zu, sagt der Nachrichtensprecher, umso mehr, als sich Russland auf die Seite Chinas gestellt habe. Amerika habe Europa um Beistand gebeten. Europa jedoch zögere. Einzig England habe sich anerboten, amerikafeindliche arabische Staaten in Schach zu halten, welche versucht sein könnten, die Situation auszunutzen. Auf diese Weise halte England Amerika den Rücken frei.

Das Programm wird unterbrochen. Eine Rede des Führers wird angekündigt. Er sitzt im Präsidentenpalast, auf einem thronähnlichen Stuhl, und prangert die verfehlte amerikanische Politik an; sagt, dass seit der Einsetzung des neuen amerikanischen Präsidenten Europa stark vernachlässigt wurde; dass ihn nicht interessiere, was auf der anderen Seite des Atlantiks vor sich gehe. Dass einseitige Handelsbeschränkungen die Distanz zu Europa noch zusätzlich vergrössert hätten. Er zeigt Verständnis für die europäische Zurückhaltung, sagt, dass der

Zusammenhalt, der Schulterschluss europäischer Staaten, deshalb umso dringlicher sei, ungeachtet der Differenzen betreffend religiöser und ethnischer Zusammengehörigkeit. Er regt eine Konferenz an, wo diese Differenzen separat bereinigt werden sollen, wo Fragen ethnischer Zugehörigkeit, vor allem jedoch die Stellung der Muslime, des Islamismus in Europa diskutiert werden sollen. »Gebt den Muslimen, gebt dem Islam in Europa eine Stimme, und ihr werdet Frieden haben«, überschlägt sich seine Stimme, schreit er ins Mikrofon. »Wir müssen uns zusammenraufen, uns zusammentun, jetzt erst recht, wo es am anderen Ende der Welt brennt«, meint er, »und nicht auch noch im Chaos versinken.« Er regt eine Konferenz in Nord-Nikosia auf Zypern an; lässt erkennen, dass er einer Vereinigung der geteilten Nation nicht mehr abgeneigt sei. Er lädt die Präsidenten aller Länder Europas und deren Aussenminister zu der Konferenz ein; regt an, dass gleichzeitig in deren Parlamenten, unter Teilnahme muslimischer und islamischer Kräfte, diskutiert wird, um auf diese Weise noch während der Konferenz Resultate erzielen zu können. Als neutralen Schiedsrichter lädt er Russland, den russischen Präsidenten, ein.

»Dann dürfen wir unser Lokal vielleicht wieder Café Europa nennen«, sagt der Wirt und stellt zwei Gläser Pfefferminztee auf das runde Tischchen am Fenster in der Ecke. »Und wir kriegen unseren Sternenkreis wieder«, meint der Gast und tätschelt die Hand seines stummen Gegenübers.

Istanbul, Café Russia, in naher Zukunft. Der Fernseher ist an. Orientalische Musik. Der Führer tritt ans Rednerpult in einem Konferenzzentrum in Nord-Nikosia. Er rechtfertigt die Geiselnahme der Präsidenten Europas und deren Aussenminister, die Besetzung der Parlamente europäischer Staaten, die Geiselnahme der Parlamentsabgeordneten durch islamisch-muslimische Kräfte. »Es ist von Gott so gewollt, von Allah«, sagt er ins Mikrofon, bemüht staatsmännisch und doch eine Spur zu laut dafür. Es sei ihm von oben anvertraut worden, die göttliche Ordnung wiederherzustellen, die Menschheit wieder auf den rechten Pfad zu bringen, der Zügellosigkeit und dem Laster, das sich ausbreitet, Einhalt zu gebieten. »Ich nehme die Aufgabe gerne und mit Dankbarkeit an«, flüstert er ins Mikrofon. »Die Zeit ist gekommen«, überschlägt sich seine Stimme, reisst er sein Maul auf, unterstreicht er das Gesagte. Dann überlässt er das Mikrofon seinem Generalstabschef und zieht sich zurück, taucht auf einer Empore wieder auf, schaut von dort auf die Anwesenden herab. Der Generalstabschef warnt vor Versuchen, den Führer in seinem von Gott gewollten Tun zu stoppen. Er verweist auf Waffen in ihrem Besitz und auf deren Sprengkraft – er vermeidet das Wort Atombombe, es ist trotzdem unmissverständlich, wenn er sagt: um ganz Europa augenblicklich auszulöschen. »Und wir werden nicht zögern, Allahs Wille auszuführen«, ruft der Führer von der Empore. Er lässt die Präsidenten und ihre Aussenminister Papiere unterzeichnen, welche sein Land als Teil der Europäischen Union anerkennen und Europa wiederum als Teil des neuen Osmanischen Reiches, welchem er als Führer und Sultan, als geistliches Oberhaupt, vorstehe. Der Generalstabschef übergibt das Mikrofon einem Religionswissenschaftler, tritt, mit einer tiefen Verbeugung vor dem Führer, ab. Der Religionswissenschaftler bezweifelt die gängige Meinung von Mohammed als von Gott gesandt; gibt an, Hinweise zu haben, dass erst jetzt der Zeitpunkt gekommen sei, dass Allah einen Propheten auf die Erde schickt, um sie von ihren Lastern zu befreien. Er verspricht, in naher Zukunft schlüssige Beweise dafür vorzulegen. Er schliesst seinen Vortrag mit einer tiefen Verbeugung vor dem Führer und überlässt das Mikrofon dem Sprecher des Palastes. Dieser gibt die Weihung des Führers aller gottgläubigen Religionen in zwei Tagen bekannt. »Und es wird mein Bestreben sein, alle Irrgläubigen zu bekehren und auf den rechten Weg zu führen«, ruft der Führer von der Empore. Der Sprecher des Palastes lädt den Papst und alle anderen Oberhäupter der Kirchen ein, der Feier beizuwohnen; weist gleichzeitig auf die Folgen hin, die ihr Fernbleiben auf ihre Gemeinschaften und ihre zukünftige Rolle in der neuen Ordnung haben könnte.

»Das war es. Das ist das Ende. Diesmal wirklich«, sagt der Wirt und macht den Fernseher aus. Ein junger Mann betritt das Lokal, sagt, er sei hier wegen der neuen Beschriftung und Umbenennung in Café Europa. »Daraus wird nichts«, sagt der Wirt. »Weshalb?«, fragt der junge Mann. »Siehst du nicht fern, hörst du keine Nachrichten?«, fragt der Wirt. »Schon«, sagt der junge Mann. »Was solls, das Leben geht weiter, uns geht es gut, wir sind die Gewinner.« Der Wirt schüttelt den Kopf, sagt: »Und ausserdem, wir schliessen morgen. Es ist Schluss, endgültig«, ruft er in Richtung des runden Tischchens am Fenster in der Ecke. »Getränke sind morgen gratis, und die Stühle, auf denen ihr sitzt, könnt ihr dann auch gleich mitnehmen.« Und leise: »Auf denen ihr das Ganze ausgesessen habt.« Der Gast am Tischchen am Fenster in der Ecke bedankt sich mit einem Lächeln, tätschelt die Hand seines stummen Gegenübers.

Istanbul, Café Russia, in naher Zukunft. Der Fernseher ist an. Orientalische Musik. Eine Laufschrift kündigt das grosse Ereignis morgen an, die bevorstehende Ankunft des Führers, in Kürze; zurück von seiner göttlichen Mission. Der einzige besetzte Tisch im Café ist jener am Fenster in der Ecke. Normalerweise kommen die beiden nur samstags.

Heute jedoch ist es gratis und die Stühle dürfen sie auch gleich mitnehmen. Die Stadt ist ungewöhnlich geschäftig für einen Sonntag. Sie wird herausgeputzt für den grossen Tag morgen. Die Musik wird unterbrochen, die baldige Ankunft der Maschine des Führers wird angekündigt. Der Wirt nimmt die wenigen übrig gebliebenen Münzen aus der Kasse, steckt sie in seine Kitteltasche. Sagt: »Ich glaube, wir machen dicht, da kommt niemand mehr, das war es.« Der Gast am Tischchen beim Fenster in der Ecke tätschelt seinem stummen Gegenüber die Hand. Die beiden erheben sich, nehmen ihre Stühle, verabschieden sich vom Wirt, wollen gehen. Draussen am Himmel ist der Lärm eines Flugzeugs im Landeanflug zu hören. »Das wird er wohl sein«, sagt der Wirt. »Um diese Zeit kommen sonst keine. Das muss die Maschine des Führers sein.« Der Gast mit seinem stummen Freund steht an der Türe, schaut noch ein letztes Mal zurück. »Lebt wohl«, sag der Wirt, während gleichzeitig eine gewaltige Explosion am Himmel zu hören ist. Ein Sprecher im Fernsehen verkündet, seine Stimme überschlägt sich, schreit: »Unsere Nation wird von einer fremden Macht angegriffen!« Ein Wrackteil der abstürzenden Präsidentenmaschine zischt durch die Luft, erschlägt den Gast, seinen stummen Freund und den Wirt, der die beiden nach draussen begleitet hat. Der Himmel über Istanbul verdunkelt sich. Eine Armada von Bombern entlädt seine zerstörerische

Fracht. Das Café Europa, Amerika, Russia ist nicht mehr. Es liegt, und mit ihm die ganze Stadt, das ganze Land, das neue Osmanische Reich, in Schutt und Asche.

Die Gesichter der Bewaffneten im Konferenzraum in Nord-Nikosia, wo die Präsidenten Europas und ihre Aussenminister festgehalten werden, verdunkeln sich bei dem, was ihnen in den Nachrichten im Radio zu Ohren kommt. Sie richten die Waffen auf ihre Geiseln. Der Präsident von Russland erhebt sich, sagt: »Euer Führer ist nicht mehr, ebenso eure Nation. Es ist niemand mehr da, um euch zu befehligen; ebenfalls nicht, um euch zu beschützen. Auch niemand, um euch davon abzuhalten, uns jetzt zu töten. Ihr aber werdet die Nächsten sein. Ich versichere euch freies Geleit, wenn ihr es nicht tut. Dasselbe gilt, glaube ich, sagen zu dürfen, für eure Kollegen in den Parlamenten Europas.« Er schaut in die Runde. Seine Amtskollegen nicken allesamt. Der Anführer der Bewaffneten öffnet einen Koffer. Er nimmt einen Hörer ab und telefoniert mit seinem Vorgesetzten. Nach einer Weile legt er den Höher wieder auf, schaut zum russischen Präsidenten hinüber und nickt. Er weist seine Leute an, die Waffen niederzulegen. Die Präsidenten Europas und ihre Aussenminister stehen einer nach dem anderen auf und begeben sich zum Präsidenten von Russland, schütteln ihm die Hand; einige von ihnen haben Tränen in den Augen, manche umarmen ihn.

Anderntags wird der Präsident von Russland in den Zeitungen als der Befreier, der Retter Europas gefeiert; wird als ein grosser Staatsmann bezeichnet. Der Einzige, dem es auch gelingen könnte, Amerika und seine Widersacher zu versöhnen; und so den Frieden in die Welt zu bringen. Er ist da, wo er immer schon sein wollte, und hält die Fäden fest in der Hand.

B. Wild

Erlösung

Auf dem Bahnhof, auf dem Schotter, zwischen den Geleisen, steht ein kleines Mädchen. Es sucht nach seinem Weg nach Hause.
Auf dem Bahnhof, am Ende des Bahnsteiges, steht ein Mann. Er möchte weg. Er hat sein Zuhause nicht gefunden, ist des Suchens müde, mag nicht mehr.
Die beiden treffen aufeinander, zeigen sich den Weg. Finden so nach Hause. Finden zueinander.
Die junge Frau richtet sich auf. Schaut auf die zwei schlichten Holzkreuze, das kleinere und das grössere; denkt an das Mädchen und dessen Vater. Dann sieht sie auf die Stelle, wo der Anhänger begraben liegt. Denkt an das dritte Kreuz, welches hierhergehört. Denkt: »Und wenn ich sie mit eigenen Händen aus der harten sibirischen Erde befreien muss« – mit der Entschlossenheit und dem Starrsinn, welche sie all die Jahre im Arbeitslager durchstehen ließen.

144 S., Paperback, ISBN 978-3-95780-086-2

B. Wild

Georg

Georg wohnt mit seiner Mutter in Berlin-Mitte. Vom Küchenfenster aus sieht er den Fernsehturm in den Himmel ragen. Seine Vorliebe gilt Frauen mit langen Beinen. Weil er aussieht wie George Clooney, schafft er es auch immer wieder, eine dieser Langbeinigen in sein Bett zu bekommen. Doch George hat ein Trauma: Während seiner Kindheit musste er mit ansehen, wie seine intrigante Mutter den Vater drangsalierte. Seitdem lehnt er jegliche romantischen Beziehungen ab. Lisa wohnt in einem Plattenbau aus DDR-Zeiten in Berlin-Mitte. Auch sie schaut von ihrer Wohnung aus auf den Berliner Fernsehturm. Lisa mag es nicht, wenn sie von Männern ausgenutzt wird. Sie ist zwar keine Schönheit, hat aber einen attraktiven Körper. Deshalb hat sie auch öfters amouröse Abenteuer. Ohne Eltern wuchs sie bei ihrer Großmutter in Ostberlin auf. Ihr größter Wunsch ist es, zu heiraten und Kinder zu haben – eine richtige Familie zu gründen.
Georg und Lisa treffen aufeinander. Sie verbringen eine Nacht zusammen. Ein falsches Wort reicht aus. Die Geschehnisse geraten außer Kontrolle …

116 S., Paperback, ISBN 978-3-95780-155-5

B. Wild
Bluten

Der Autor B. Wild erfindet keine Geschichten, er findet sie – nimmt sie an, lässt sie geschehen – auf der Straße, wie in »Bremsen«, in öffentlichen Verkehrsmitteln, wie in »Vater«; bei der Auseinandersetzung mit fremden Texten, wie in der titelgebenden Geschichte »Bluten« oder in »Willi. Die Geschichte von Willi Willimann«, die als letzte zu den dreizehn Kurzgeschichten im vorliegenden Band gestoßen war. Sie war eine Aufgabe, gestellt in einem Schreibkurs. Der Dozent drückte dem Autor einen Kassenzettel in die Hand, wollte, dass er anhand des Kassenzettels eine Geschichte schreibe. Eine unspektakuläre, nahe an den Figuren. Es ist dem Autor nicht allzu schwergefallen, da ihm dies schon vorher ein Anliegen war, wie in weiteren neun Geschichten in diesem Band zum Ausdruck kommt.

196 S., Paperback, ISBN 978-3-95780-170-8